FITOENERGÉTICA

A Energia das Plantas no Equilíbrio da Alma

Bruno Gimenes

FITOENERGÉTICA

A Energia das Plantas no Equilíbrio da Alma

CITADEL
Grupo Editorial
2025

Fitoenergética

Copyright © Bruno J. Gimenes

1ª edição: Setembro 2025

Autor:
Bruno Gimenes

Revisão:
Renato Deitos
Ronaldo Fleck

Diagramação:
Bruna Dali
Maitê Cena

Capa e projeto gráfico:
Marco Cena

Impressão:
Plena Print

DADOS INTERNACIONAIS DE CATALOGAÇÃO NA PUBLICAÇÃO (CIP)

Gimenes, Bruno
Fitoenergética : a energia das plantas no equilíbrio da alma / Bruno Gimenes. — Porto Alegre : Citadel, 2025.
320 p.

Bibliografia
ISBN 978-65-5047-679-3

1. Ervas – uso terapêutico 2. Medicina alternativa I. Título

25-3644 CDD - 158.1

Angélica Ilacqua - Bibliotecária - CRB-8/7057

Produção editorial e distribuição:

CITADEL Grupo Editorial
contato@citadel.com.br
www.citadel.com.br

"Agradeço a Deus por me
mostrar pessoas tão especiais,
caminhos maravilhosos e
oportunidades incríveis para que
esse trabalho se realizasse."

SUMÁRIO

OBSERVAÇÕES IMPORTANTES

Estamos, nesta obra, apenas recordando os efeitos vibracionais das plantas, que muitas gerações já utilizavam e conheciam bem, e que, por consequência dos tempos mais modernos, acabaram se perdendo. É uma dádiva poder usar a medicina natural e usufruir dessas vibrações tão positivas.

O conteúdo deste material não esgota o assunto sobre Fitoenergética ou a influência da vibração energética que os vegetais emanam.

Todo tipo de aplicação descrita neste livro deve ser utilizada de forma complementar. Jamais interrompa o uso de medicamentos sem antes consultar um médico. O uso da medicina farmacológica ocidental, associada com as técnicas apresentadas neste livro, pode produzir resultados muito expressivos.

Esta pesquisa não anula qualquer outro estudo ou constatação sobre o poder curativo dos vegetais em geral.

Este livro tem o propósito de estimular as pessoas na formação de uma nova cultura acerca da compreensão das verdadeiras causas de doenças e da importância de entendê-las como instrumentos de evolução. Acima de tudo, tem a meta de ajudar as pessoas na conscientização de que o reino vegetal tem uma missão espiritual de contribuir para o desenvolvimento da raça humana.

DEFINIÇÕES

Fitoenergética

É um sistema natural de cura, equilíbrio e elevação da consciência que, através da energia das plantas (Fitoenergia), ajuda os seres vivos no equilíbrio das emoções e pensamentos que, quando estão em desequilíbrio, são os reais causadores das doenças. É uma terapia que proporciona a elevação da consciência e do discernimento, estimulando profundos sentimentos antiegoísmo.

Concepção básica

A Fitoenergética atua com a concepção básica de que os vegetais possuem um campo de energia com a capacidade de gerar influência sobre a anatomia sutil dos seres vivos. Busca compreender como essa influência pode atuar positivamente no campo energético de cada ser vivo, agindo nas causas geradoras de doenças.

Fitoenergia

É o tipo de energia que as plantas fornecem com a característica de ser elevada, sutil, celeste, portanto, com propriedades vitalizantes para o corpo e para a alma. A Fitoenergia apresenta um padrão vibratório amplamente curativo e amoroso, peculiar das esferas mais evoluídas dos planos superiores.

PREFÁCIO

Caro Bruno, é com satisfação que escrevo o prefácio do seu livro. No entanto, quero fazer isso de forma diferente. Quero passar uma mensagem do verde, para você e para os leitores.

É o seguinte: eu estava sentado na grama verdinha, quando escutei uma canção. Ela falava de uma união; de mãos nas mãos e corações unidos. Falava de seres de luz que jamais veem fronteiras ou a cor da pele de alguém.

Cantava o amor incondicional e a quebra das correntes do egoísmo. Eu não escutava com os ouvidos físicos, mas com os sentidos do espírito. Parecia que a própria grama participava disso; o verde cantava junto.

Então, vieram os espíritos da natureza e começaram a dançar em volta. Ah, como eu me lembrei dos ensinamentos xamânicos, que sempre falaram disso... E também dos iniciados celtas de outrora, todos amantes da natureza. E do Pai Joaquim de Aruanda, que, em sua simplicidade e sabedoria, dizia: "O verde das ervas está cheio de luz. Mas é preciso humildade para sentir isso!".

Por fim, lembrei-me de seu trabalho com os chás e do seu amor pelo verde.

E aí surgiu em minha tela mental frontal interna (sede do chacra frontal*) uma imagem projetada pelos seres de luz da canção. Era um imenso coração verde-brilhante.

No mesmo instante, eu soube que era um presente para você e para os leitores. Assim, ofereço a você e aos leitores do livro essa visualização com o verde do coração. Que ele simbolize o amor e a dedicação que você tem pelas energias dos chás de ervas; que essa energia possa acompanhar o seu trabalho, inspirando-o, cada vez mais, a levar esse conhecimento da natureza ao maior número possível de pessoas.

É isso! Que o coração do verde ilumine essas páginas.

Paz e Luz.

Wagner Borges (Nascido no Rio de Janeiro em 1961, é projetor-pesquisador, sensitivo espiritualista, conferencista, e autor de nove livros: *Viagem Espiritual Vols. 1, 2 e 3*, *Uma lição Extraterrestre*, *Falando de Espiritualidade*, *Cia. do Amor - A Turma dos Poetas em Flor Vols. 1 e 2*, *Falando de Vida Após a Morte* e *Ensinamentos*

---

* Chacras (do sânscrito): são os centros de força situados no corpo energético, que têm como função principal a absorção de energia (prana, chi) do meio ambiente para o interior do campo energético e do corpo físico. Além disso, servem de ponte energética entre o corpo espiritual e o corpo físico. O chacra frontal é o centro de força situado na área da glabela, no espaço espiritual interno da testa. Está ligado à glândula hipófise (pituitária) e tem relação direta com os diversos fenômenos de clarividência, intuição e percepções parapsíquicas. É o chacra da aprendizagem e do conhecimento.

Extrafísicos e Projetivos. É o fundador do Instituto de Pesquisas Projeciológicas e Bioenergéticas - IPPB - www.ippb.org.br. É colaborador de várias revistas dentro da temática espiritual: Revistas *Sexto Sentido*, *Espiritismo e Ciência*, *Revista Cristã de Espiritismo*, e *UFO* – Também colabora com artigos no *Jornal de Umbanda Sagrada*. É colunista de vários *sites* da internet. É o produtor e apresentador do programa "Viagem Espiritual", na Rádio Mundial de São Paulo – 95,7 FM (às 5as feiras, das 19h às 20h). É instrutor de cursos de Projeção da consciência (viagem astral), Bioenergia (aura e chacras), Hinduísmo, Taoísmo, Hermetismo, Mediunidade, Obsessão e desobsessão, Espiritualidade celta, Espiritualidade xamânica e temas espirituais em geral.)

"Dentre todas as terapias que estudei, a Fitoenergética é a mais curativa, simples e acessível. Através de combinações de plantas com uma sensibilidade ímpar, promove a cura, aproximando o homem da natureza e da sua verdadeira essência."

Patrícia de Oliveira Cândido (Escritora, Professora, Palestrante, Terapeuta Holística)

"Desde o princípio da humanidade, o homem e os animais interagiam entre si. No início, para auxiliar na busca de caça; depois, para proteção e hoje mais frequente como companhia. Com isso, tornam-se significativas as terapias alternativas, como a Fitoenergética, aplicada à Medicina Veterinária."

Álvaro Cezar de Abreu (Médico Veterinário -CRMV-RS 4169)

"Bruno, este estudioso das energias do universo, apresenta-nos, maravilhosamente, como podemos interagir energeticamente com as plantas em benefício de nossa saúde. Faz-nos pensar de uma forma mais profunda sobre o quanto temos a aprender com o reino vegetal. Aprofunda o tema e dá um passo adiante na Fitoterapia, lançando-a no Universo da Física Quântica, mostrando os efeitos das interações energéticas de nosso ser com as plantas das mais diversas formas. Enfim, é um livro que começamos a ler e não queremos mais parar. Na verdade, não o lemos, conversamos com ele do início ao fim."

Isaura Cristina Cezar Garcia (Terapeuta Holística, Mestre de Reiki; Terapeuta Floral e Psicoterapeuta Reencarnacionista)

"Um manual prático e objetivo, onde se destaca a mais perfeita sintonia entre o autor e a fitoenergia, com inegáveis benefícios para quem dela fizer uso. A Natureza agradece pela divulgação do poder de cura das plantas, milenarmente reconhecido."

Altair Danielski (Terapeuta Holístico, Mestre de Reiki, Palestrante, Escritor)

"Cada um de nós tem uma missão a cumprir aqui na Terra, e o Bruno veio para 'iluminar' o caminho da cura com a sua Fitoenergética."

MD Milton Stein Brechane (Pediatra, Homeopata e Terapeuta Floral)

"No momento em que se propõe a regulamentação da prescrição fitoterápica pelos Nutricionistas (CFN, 2006), quando se discutem as ações fitoterápicas, funcionais e bioativas das plantas, surge esta importante obra, destacando a vibração energética dos vegetais e suas emanações provindas do meio que os cercam, numa clara visão de que há muito mais trocas entre seres humanos e o reino vegetal. Parabenizo o Bruno por esta excelente contribuição."

Signorá Peres Konrad (Nutricionista e Professora Universitária – CRN 0054)

FITOENERGÉTICA, O NASCIMENTO DE UMA TÉCNICA TERAPÊUTICA

Quando iniciei a pesquisa com a Fitoenergética, quase que instantaneamente comecei a perceber e catalogar seus resultados, e realmente tive a impressão que se tratava de algo nobre e, sobretudo, "potente" no que se refere à eficiência e à rapidez dos efeitos. Não podia prever o que estava por vir.

Ao estudar elementos da natureza de Deus, uma energia muito incrível se aproximou da pesquisa, criando oportunidades e situações que enriqueceram os aprendizados de uma maneira mágica, suave e verdadeiramente positiva.

Foi assim que tudo começou, e, a cada oportunidade que aparecia, a Fitoenergética ia crescendo, resultados se mostravam cada vez mais eficientes. As técnicas se aprimoravam, trazendo uma visão clara de que uma nova opção de terapia natural estava nascendo, com a tendência de, simplesmente, ser acessível, descomplicada, barata, eficiente e que qualquer pessoa pudesse utilizar no seu dia a dia para qualquer doença da alma, as verdadeiras causas dos problemas físicos.

A Fitoenergética foi ganhando adeptos, naturalmente, mostrando-se cada vez mais incrível e simples. Ao mesmo tempo, qualidades que tornaram essa técnica uma realidade para muitas mães cuidarem de seus filhos, muitos terapeutas incluírem em suas técnicas, muitas escolas, entidades filantrópicas, privadas, aderirem em suas rotinas diárias o uso disciplinado e adequado da energia das plantas, ampliando a visão acerca dos seus benefícios.

Uma divulgação feita através de palestras, cursos e na internet possibilitou um estreitamento saudável no contato com todos os tipos de pessoas, mostrando novas necessidades e gerando a percepção do quanto a Fitoenergética era flexível e perfeitamente adaptável a qualquer pessoa, para tratar qualquer deficiência.

Os cursos, as palestras e as divulgações continuaram, os resultados positivos foram surpreendendo a cada dia, a confiança na técnica foi aumentando, tornando o livro um amigo inseparável, que algumas pessoas até apelidaram, carinhosamente, de "caixa de primeiros socorros"....

Agora sim, temos a noção da grandeza da Fitoenergética com sua flexibilidade e eficiência, motivando que nossos estudos jamais terminem, eis aí, então, a quarta edição deste livro, estendida e revisada e com muitas novidades, isso tudo para que a Fitoenergética siga fazendo o seu papel....

Um fraterno abraço e muita luz... boa leitura!

INTRODUÇÃO

Desde pequeno, presenciei o hábito do uso das plantas na medicina caseira. Durante toda minha infância e adolescência, acompanhei meu pai no preparo dos seus chás compostos. Sempre me chamou atenção aquele ritual diário e, curioso, desde cedo já experimentava mesmo os mais amargos e de paladar pouco apreciado.

Tive, em minha infância, várias passagens nas quais pessoas iluminadas, utilizando-se de formas alternativas, entre elas o uso da energia das plantas, ampararam-me quando a medicina tradicional não produzia efeitos.

Durante todo esse tempo estive atento à presença desses vegetais que desempenhavam funções não convencionais e percebia que havia uma força divina acompanhando um simples galhinho de arruda, ou uma folha de laranjeira, toda vez que eu era tratado de forma alternativa.

Os resultados milagrosos obtidos sempre causavam admiração e me faziam acreditar cada vez mais em uma força sutil superior que acompanhava essas plantas.

O tempo passou, muita coisa mudou, a consciência daqueles dias veio à tona, já era hora de entender o funcionamento tão intrigante das ervas. Com essa motivação, comecei minha jornada por evolução pessoal.

Iniciei me reaproximando da natureza, consequentemente, das plantas, isso porque meu interesse principal sempre foi entender o poderoso mecanismo de ação energética dos vegetais sobre as pessoas.

Estudando e me preparando por algum tempo, não muito tarde, tornei-me terapeuta holístico, passando a utilizar os chás como complementos nas terapias de Reiki (técnica de cura e equilíbrio que se utiliza de forças vitais naturais, que são transmitidas por imposição das mãos), inicialmente como uma forma de agradar meus consultantes, oferecia-lhes um chazinho. Em pouco tempo, essa prática passou a ser regular e se tornou uma terapia complementar ao Reiki, ganhando espaço e confiança, com resultados empolgantes em curtos espaços de tempo.

Com o auxílio da Radiestesia (técnica de captação de energia com a utilização de pêndulos), os resultados começaram a aparecer mais nítidos e eficientes.

Nesse meio tempo, comecei a estudar a fundo o campo de energia humana, passando então a compreender o tal "mecanismo" de atuação das plantas que influenciam a vibração da aura de todos os seres.

É inquestionável que, quando se estuda algo tão precioso, o pesquisador se aproxima intimamente de frequências muito sutis e positivas, desenvolvendo seus canais sensoriais, intuitivos, podendo, então, contar sempre com a orientação de seres iluminados de outras dimensões que contribuem nobremente para o sucesso das pesquisas e o aprimoramento das técnicas.

A maior empolgação para a realização desse trabalho ocorreu por conta da simplicidade dos métodos, baixos custos e da eficiência que se pode obter em pouco espaço de tempo. A medicina vibracional das plantas está acessível a qualquer ser vivo, nos grandes centros e nas regiões mais afastadas, seja dentro de um escritório ou em um acampamento na floresta, em qualquer lugar, para todos os seres e todas as raças.

Acredito que a dificuldade em entender a natureza acontece quando não respeitamos cada ser vivo, cada componente do universo, cada partícula natural existente, pois a mágica e inesgotável fonte do saber proveniente da natureza mostra a cada dia uma saída, um caminho, uma nova forma para a evolução harmoniosa dos seres.

Se pudéssemos, um dia, entender que estamos neste mundo em uma missão muito nobre e que a nossa meta maior é a evolução, tudo poderia ser mais compreensível e simples. É importante entender que evoluir significa agregar em si e aos outros muitos adjetivos como amor, compaixão, humildade e harmonia. Quando você evolui, contribui também para a evolução de todos os que estão a sua volta.

Assim como uma grande empresa e seus funcionários em suas diversas áreas e hierarquias, temos valores específicos e únicos que se complementam para formar uma corporação de sucesso. Tudo é equipe, tudo é sincronia e cada um tem seu valor individual que, somado aos outros, faz a diferença. Essa é uma das grandes mensagens que as plantas nos transmitem, a união, a parceria.

Na natureza também é assim, tudo pode ser combinado, basta saber reunir os potenciais certos, e nós todos, quando entendermos isso, poderemos construir uma história de muito sucesso e esse, sem dúvidas, é o objetivo deste livro.

Da mesma forma com que todos os seres humanos têm uma missão neste plano, os vegetais também as têm e o homem pode muito bem ajudá-los na condução correta dessa descoberta.

Exatamente como uma grande empresa, a natureza tem muitas áreas e divisões, e os vegetais com suas propriedades podem contribuir com o que têm de melhor. Resta ao homem descobrir seus melhores potenciais e combiná-los da melhor maneira.

O objetivo deste trabalho é proporcionar ao leitor uma noção de como utilizar ervas, flores e frutas de forma harmoniosa, combinando o melhor que cada espécie tem a oferecer na busca da sintonia da saúde física, emocional, mental e espiritual. O sucesso será evidente.

CAPÍTULO 1

Reino Vegetal, enviado de Deus!

PLANTAS, EMISSÁRIAS CELESTES

A hierarquia maior do universo se reuniu em caráter especial. Todos os membros representantes dos sistemas solares foram convocados e, ali, se encontraram. O tema principal: havia um desequilíbrio no sistema, alguma coisa precisava ser feita. Assim sendo, o Grande Dirigente dos Mundos começou a falar, conduzindo a reunião e expondo a problemática para todos os representantes. A atenção era grande pelo fato de que muitas ocorrências negativas estavam sendo contabilizadas. Foi quando Ele começou a expor:

"Há grande desequilíbrio em nosso sistema, as almas impuras já não estão encontrando condições adequadas para evoluir de acordo com suas necessidades, não conseguem mais aprender no sistema atual e, por isso, precisamos tomar ações imediatas para contornar essa desarmonia. Essas almas não estão encontrando compatibilidade com o nível de consciência

dos nossos planetas, portanto, não estão encontrando ensino na dimensão de suas carências, não estão sendo educadas como deveriam. Precisamos desenvolver uma escola especial, adaptada a essas almas ainda imperfeitas, um planeta onde possam aprender a curar essas emoções conflitantes presentes em suas personalidades. Nesse planeta-escola reuniremos todas essas consciências em evolução."

A partir daquele dia, daquela reunião, todo o conselho decidiu começar a construção e a preparação energética daquele novo planeta, apelidado de planeta-escola, resistente e adaptável ao nível de consciência das almas que para lá seriam enviadas. Foi quando, nesse estudo e planejamento, perceberam a gravidade dos fatos, porque em um único planeta estariam reunidas milhares de almas com os mesmos desafios de curar as mazelas da alma como o egoísmo e o medo. Tudo se mostrava um grande desafio, a carga era pesada, a tarefa árdua, o que, provavelmente, instalaria um verdadeiro caos nessa escola de almas.

Diante do desafio percebido, não restou outra opção para o Dirigente dos Mundos senão lançar mão de seus melhores e mais confiáveis missionários, tudo para garantir a manutenção da harmonia do projeto que se iniciava. Com o planejamento finalizado, começou a executar a construção.

Com um sopro divino, plasmou o corpo físico do planeta. Mais tarde, emanou chamas de fogo, fez ventar continuamente por longos dias, provocou chuvas e trovoadas torrenciais. O tempo passou, um belo dia nasceu com o Sol mais lindo que já se viu e assim se fez o Reino Vegetal, enviado do Grande Comandante dos Mundos, presente em todas as partes, emissários celestes de todos os tamanhos, perfumes e tons, plenos da capacidade de armazenar luz divina.

Agora sim! A casa dos homens estava pronta para iniciar a longa missão de recuperar a angelitude das almas através da educação e do equilíbrio dos pensamentos e emoções.

As plantas são verdadeiros extraterrestres, vieram de outras esferas, de planos superiores, enviadas de Deus para nos lembrar todos os dias de que podemos ser sempre melhores. Ilimitadas em suas potencialidades, fornecem alimentos para a alma, para o corpo e acalmam os instintos primitivos da natureza humana.

A MISSÃO DAS PLANTAS

Ao entender que a maioria das doenças conhecidas da humanidade são derivadas dos pensamentos e emoções em desequilíbrio, começamos a ter uma maior noção de conjunto com relação à missão das plantas para a humanidade. Começamos, também, a ter mais claro em nossas mentes que, se aprendermos a manter a harmonia de nossa personalidade inferior, também aprendemos a nos curar, tornamo-nos responsáveis por nossa cura, assim como sempre somos responsáveis por nossa dor e doença.

Seguindo nessa linha de raciocínio, pegamos carona em uma das leis principais do universo: a Lei da Evolução Constante.

Esse é um modelo mostrado pelo universo a todos nós: a vida segue seus ciclos naturais em evolução constante. Assim sendo, não podemos nos separar desse contexto, portanto, nossa missão aqui na Terra também é evoluir. Só que Deus nunca nos desampara, sempre nos oferece condições favoráveis para que suas leis se façam, enviando-nos recursos que nos ajudem a tornar essa missão mais simples.

A realidade atual é que o ser humano padece de uma miopia consciencial que não o torna apto a enxergar esses recursos e possibilidades que o universo nos envia. O curioso é que a maioria dessas opções são oferecidas abundantemente na natureza, com simplicidade, mas, como não estamos conscientes, não as percebemos, logo, não as aproveitamos.

Este estilo moderno de viver dos novos tempos nos distancia demais dessa reflexão necessária e, como não refletimos que nossa missão é evoluir, também não chegamos à conclusão óbvia que evoluir significa purificar nossas inferioridades. À medida que nos limpamos de emoções e sentimentos como medo, mágoa, raiva, ódio, tristeza, depressão, pessimismo, ciúmes, arrogância, egocentrismo, insegurança, baixa estima e tantas outras, estamos evoluindo verdadeiramente.

A maneira como estamos direcionando nossas vidas está nos conduzindo para um caminho sem propósito, que ilude muito mais do que ensina e/ou ajuda a evoluir. Nosso maior propósito é vencer esses sofrimentos advindos dessas emoções inferiores que temos tanta dificuldade em domar ou educar. E qual é a consequência?

Qual é o preço que pagamos? Ficamos doentes.

Contraímos as mais diversas chagas, da alma e do físico, que são tantas....

Muitas doenças novas surgem por ano, algumas se agravam e o homem, em sua maneira de conduzir sua vida, distanciado da Fonte, não aprende a eliminar a verdadeira causa ou origem dos males. Não compreende que, se é na alma que a doença nasce, é lá que ela deve também ser curada.

Tudo parece tão óbvio quando o analisamos assim, friamente. Então, por que é tão difícil entender?

Porque nossa cultura não ensina a tratar a causa, porque não acredita na alma, não a considera. Se o corpo físico adoece, tratamos apenas dele, sem a consciência de que a doença é a sinalização que a mente e as emoções estão em desequilíbrio. É inconcebível que neste universo as forças vitais que dão origem ao corpo espiritual, mental e emocional não sejam levadas em conta no ambiente materialista do mundo moderno. E são esses campos de energia que alimentam a alma, que organizam as forças e o equilíbrio do corpo físico.

Emoções e pensamentos positivos plasmam o corpo emocional com estrutura equilibrada e saudável, já emoções e pensamentos negativos constituem padrões também negativos e debilitados. São essas energias geradas por emoções e pensamentos que nutrem nosso corpo, somos o que pensamos e sentimos, inegavelmente. É aí que está o segredo de tudo, nessa compreensão. Mas, pelo visto, não estamos chegando a essa conclusão sozinhos, precisamos ser inspirados a mudar, porque por conta própria não estamos conseguindo.

As plantas e o reino vegetal em todo seu contexto possuem grande capacidade de nos oferecer energia, um tipo de vibração que é rapidamente assimilado pela aura de todos os seres vivos. As plantas têm a capacidade de armazenar um padrão de energia sutil e superior, tornando os vegetais verdadeiros enviados de Deus, perfeitos veículos de manifestação da consciência divina.

Essa vibração que assimilamos com admirável facilidade tem a capacidade de elevar nossos padrões conscienciais a níveis superiores que podem nos levar à cura das emoções densas, nossa maior meta. Assim sendo, as plantas têm sido amigas de jornada, oferecendo emanações de vibrações curativas, energizantes, harmonizantes e amorosas. Quando nos alinhamos ao coração do Reino Vegetal e sua missão, aproveitamos melhor essa dádiva divina e começamos a descobrir um universo inimaginável de beleza e amor.

Sim, precisamos valorizar a capacidade que as plantas têm de ornamentar, refrescar, trocar o ar e perfumar os ambientes, mas não devemos ficar limitados a esses benefícios. Definitivamente, precisamos enxergar mais e ver que, no verde de Deus, são-nos oferecidas as condições de evoluirmos de forma mais rápida e equilibrada.

Comecemos a olhar para as plantas reverenciando-as, expressando-lhes gratidão e respeitando-as mais. Afinal, são emissárias celestes com a nobre missão de nos ajudar na obtenção do equilíbrio da alma humana.

A DOENÇA E A CURA NA VISÃO OCIDENTAL

Aqui no Ocidente, vivemos imersos em uma cultura materialista, no sentido de que o foco dos nossos sentidos é apenas o plano material, ou seja, a dimensão que os olhos podem ver. A medicina ocidental acompanha esse mesmo paradigma, o desenvolvimento da ciência médica com objetivo apenas no corpo físico é um grande problema que a sociedade ocidental enfrenta. A relação da dor e da doença com a mente e as emoções é praticamente banalizada nesse estilo de medicina. A crença de que as causas de doenças físicas estão exclusivamente associadas ao próprio corpo físico limita o raio de ação e nos torna cegos para as verdades universais.

Temos modernos equipamentos hospitalares, centros clínicos com tecnologia de ponta, profissionais de primeira linha, mas estamos ligados a uma forma equivocada de entender a cura real, que é a cura do espírito, que, quando tratado, elimina a origem do desequilíbrio físico.

É importante comentar a importância da medicina alopática ocidental, que conhece a fisiologia com precisão, mas é só mais um tipo de medicina, entre as tantas que existem. O grande erro que qualquer tipo de medicina pode provocar é trabalhar sozinha. Também é importante lembrarmos que aqui, nesta região do mundo, sempre que se fala de medicina, imediatamente as pessoas associam a essa linha que conhecemos, estruturada nos hospitais tradicionais, nos planos de saúde, com os cirurgiões e os remédios alopáticos e os sofisticados exames de diversas especialidades. No entanto, é importante evidenciar que em todo o globo terrestre, ao longo da história, as diversas culturas do mundo desenvolveram as suas medicinas. Cada uma com suas particularidades e óticas sobre curas, seja do corpo, seja da alma.

Existe, por exemplo, a medicina Ayurvédica da Índia, com milhares de anos de história; a também milenar Medicina Tradicional Chinesa (MTC), na China; em diversas partes do mundo a Medicina Vibracional, entre outras não menos importantes. Essa observação é importante para trazer noção de conjunto quando o assunto é curar, pois se faz necessário sempre unir as medicinas, jamais criar conflitos entre elas, pois, se assim o fizerem, estarão se destruindo. Onde uma termina a outra começa! Isso porque cada uma foca mais em determinado segmento ou aspecto do ser, seja físico, emocional, mental ou espiritual. Quando unidas, aumentam muito a chance de obter resultados eficientes.

Vivemos em um mundo borbulhando em emoções primitivas, densas e contaminadas. Chegou a hora de nos darmos conta de que são elas que afetam principalmente a saúde do nosso corpo. Enquanto não nos educarmos para enfrentar os processos de cura olhando de maneira holística (visão do ser integral, como um todo, não apenas por especialidade), compreendendo que tudo afeta tudo, que tudo está interligado, não decifraremos os mistérios envolvidos.

Quando o corpo físico chora pedindo socorro, é inegável a necessidade de o tratarmos com o devido cuidado e respeito, muitas vezes lançando mão de tratamentos com remédios alopáticos e seus efeitos colaterais. No entanto, só iremos conquistar a capacidade de cura completa, profunda, quando aprendermos a interpretar a mensagem que cada doença transmite. Quando aprendermos a reconhecer quais pensamentos e emoções estão em desequilíbrio, conseguiremos harmonizá-los, conquistando a saúde em todos os níveis.

O uso da Fitoenergética nos estimula a refletir que:

– O que realmente importa não é a doença, nem o nome complicado da síndrome, tampouco os diagnósticos desanimadores. A meta principal é a compreensão da existência de um objetivo por trás de toda doença, ou seja, uma mensagem que nos diz o que precisamos aprender;

– Nossa missão é facilitar as coisas, ajudando-nos e ajudando o próximo na busca dessa consciência que, em grandes doses, costuma ser um remédio infalível para a evolução humana;

– O Reino Vegetal está aí, à nossa disposição, para que, de maneira simples, por meio do fluido vital amoroso, transformemos nossas emoções e lapidemos nossa jornada evolutiva;

– O Reino Vegetal, tão belo, tão presente e abundante, muitas vezes não consegue ser notado. No entanto, está na brilhante e irradiante energia do verde, percebida apenas por olhos de seres humildes, a chave da nossa passagem para um novo nível de entendimento sobre o universo, para um caminhar mais consciente da humanidade sobre os recursos de Deus.

Como receber essa dádiva divina?

Amando o verde como se ama qualquer parceiro de jornada, como amamos um irmão ou animal de estimação. Respeitando-o como se respeita uma mãe carinhosa. Compreendendo-o como se compreende um filho e admirando-o como se admira o nascer do Sol.

Essas são as senhas de acesso para receber essas dádivas divinas.

Capítulo 1

Fitoenergética, medicina vibracional pelas plantas

Normalmente, quando falamos da ação curativa dos vegetais, associamos essas propriedades ao efeito das composições químicas, aos elementos e compostos que, sem dúvida alguma, atuam sobre nosso organismo, exercendo variadas funções. Essa antiga medicina é conhecida como Fitoterapia.

No entanto, a Fitoenergética apresenta uma abordagem totalmente diferente, que exalta o poder oculto das plantas, relacionado às propriedades vibracionais, ou seja, a energia sutil contida nelas.

O corpo físico dos seres vivos tem uma vibração energética própria, afinal, tudo que existe neste planeta também tem. A Fitoenergética estuda essas energias oferecidas abundantemente nas plantas e as utiliza como auxiliares para reequilíbrio de nossas energias.

Esse campo vibracional ao qual nos referimos é um campo de energia eletromagnética que envolve e interpenetra a matéria. Ao longo da história, foi chamado de diferentes formas, em diversas partes do mundo, como, por exemplo: Aura, Corpo Bioplasmático, Anatomia Sutil, Campo Energético, Campo Áurico, Corpo de Luz, Perianto etc.

Os eventos que ocorrem no corpo físico refletem seus efeitos no corpo energético e vice-versa. É nessa dimensão etérea dos seres que mora a verdadeira causa das doenças, portanto, é lá que devemos tratar quando elas surgirem. É nessa frequência que a energia dos vegetais atua, daí sua eficiência.

A Fitoenergética estuda a influência dos vegetais sobre a anatomia sutil dos seres vivos e busca compreender como essa influência pode agir positivamente no campo energético de cada ser vivo, atuando nas causas geradoras de doenças, porque, na grande maioria dos casos, a doença ocorre primeiramente no campo sutil, para depois refletir-se no físico. Como é aí que a vibração dos vegetais atua, a harmonização ocorre pela combinação de plantas que podem restabelecer sintonia da mesma vibração na qual o campo energético está debilitado, não permitindo que a doença se perpetue.

No caso de a debilidade física já estar instalada, a atuação ocorre revertendo o processo e desprogramando a vibração característica da doença, para que o corpo volte a vibrar em sua harmonia natural. A vibração é vitalizada pela combinação adequada dos vegetais que, naturalmente, harmoniza os fluxos energéticos do indivíduo.

A Fitoenergética entende o ser como uma composição de energias em diferentes frequências. Dessa forma, estuda as aplicações e combinações corretas de vegetais nos seres vivos, para proporcionar vitalidade onde houver debilidade, agindo de forma eficiente e profunda, pois atua na causa geradora da doença.

A PROPOSTA DA FITOENERGÉTICA

A Fitoenergética é um sistema natural de cura e equilíbrio que pode fornecer a todas as pessoas uma ferramenta eficiente, simples e acessível contra todas as doenças da alma, tão evidentes no nosso dia a dia. A Fitoenergética atua além dos campos da medicina tradicional, que é estruturada apenas na questão orgânica e física, e, na grande maioria dos casos, não pode explicar as verdadeiras origens e causas das doenças.

A Fitoenergética não só propõe tratamentos alternativos de eficiência comprovada, mas também estimula a busca do conhecimento da causa geradora do problema, ou seja, a expansão da consciência.

Os seres humanos se tornam sensíveis a todos os tipos de influências negativas quando seus aspectos mentais e emocionais estão fragilizados, tornando-os extremamente vulneráveis. O uso adequado da Fitoenergética consegue nos trazer equilíbrio em todos os aspectos (físico, emocional, mental e espiritual), sendo capaz de nos gerar paz e harmonia em níveis mais profundos.

A medicina da energia das plantas pode ser usada amplamente para complementar qualquer tratamento com remédios alopáticos. Um exemplo prático é o uso comum de medicamentos ansiolíticos e antidepressivos que, na verdade, não curam a causa, são apenas paliativos que podem gerar mais de duzentos efeitos colaterais já conhecidos e catalogados. O uso desses remédios só deveria ser feito em casos agudos e, mesmo assim, temporariamente, porque não atuam na causa, não estimulam a cura e possuem muitos efeitos adversos, desligando a pessoa de sua realidade conflitante, ou criando um estímulo "sintético" para enfrentar a vida. O que se vê no quadro atual são casos ditos como "crônicos", em que a pessoa faz uso dessas medicações fortes por longos períodos de tempo, sem trazer cura efetiva, por não atuar realmente na causa geradora, que, normalmente, não está no corpo físico.

Essas medicações tradicionais "anulam" ou "distorcem" a percepção da realidade que a pessoa tem, normalmente conflitante e atribulada, trazendo a falsa impressão de que tudo está bem.

Se um problema tem origem nos conflitos que uma pessoa vive em sua realidade de emoções e sentimentos, esse é o ponto desequilibrado, por isso é aí que deve ser tratado, já que o físico é só a manifestação do mundo interior de cada um.

Um tratamento fitoenergético adequado, realizado em paralelo aos tratamentos médicos convencionais, pode criar resultados rápidos, com efeitos significativos, criando bem-estar em todos os aspectos do indivíduo: físico, emocional, mental e espiritual, muito diferente dos remédios alopáticos que só atuam na estrutura orgânica (físico), que é apenas a condensação do mundo de emoções e sentimentos de cada indivíduo.

A Fitoenergética não faz a pessoa anular a sua percepção de realidade, mas traz força e confiança para ela evoluir no seu mundo de emoções e sentimentos, enfrentando e vencendo os desafios dessa sua realidade. Esse conjunto de qualidades cria na pessoa um estado de espírito de proteção e paz, adjetivos mais do que interessantes para que possa existir crescimento pessoal, evolução, bem-estar e a cura natural à qual todos temos direito, sem mistérios e sem complicações.

A Fitoenergética cria um universo de possibilidades ilimitadas que a torna uma poderosa ferramenta auxiliar para a medicina ocidental expandir sua atuação.

CAPÍTULO 2
Consciência e energia

AS DOENÇAS, A ALMA E A FITOENERGÉTICA

Nossa causa maior neste mundo é a evolução, os aprendizados, as referências que experimentamos, o nosso convívio com as outras pessoas e a busca por harmonização em qualquer tipo de relacionamento. Não podemos esquecer, também, que uma das grandes façanhas que o homem pode e deve realizar é dar bons exemplos. Eles sempre surgem quando se pensa na causa maior, quando o ser humano se doa para o todo, buscando, através de ações simples, ajudar a si mesmo e ao próximo. Existem maneiras ilimitadas de fazer coisas boas, positivas, que ajudem o planeta a crescer, se desenvolver e que podem estimular cada um de nós para que cheguemos mais perto de nossa essência e divindade. Essa essência que cada ser humano possui está viva e presente a todo instante. É o que costumamos chamar de alma.

A nossa alma é mais do que um corpo, é uma manifestação da energia de onde viemos, ou seja, o plano astral aqui na Terra. A nossa verdadeira identidade é essa energia, que é primordial, manifestando-se e moldando-se de acordo com os nossos sentimentos, emoções e pensamentos. Por essa ótica, é possível concluir que o corpo físico de qualquer ser é apenas o veículo para a alma, ou seja, o local onde a essência se aloja e mora por um período para que possa adquirir conhecimento e evoluir.

Esse período chamamos de vida ou encarnação.

O nosso corpo é a manifestação física do espírito, dos pensamentos, emoções. Não é o corpo físico que molda o espírito ou a essência, mas o espírito que molda o corpo físico. Como o espírito sofre influência direta dos pensamentos e sentimentos, tudo que pensamos e sentimos fica impregnado na essência. Desta forma, se pensamos coisas boas, expandimos e ampliamos a energia, mas, obedecendo à mesma regra, se pensamos e nos ligamos a coisas negativas, perdemos energia, vitalidade, temos a essência alterada negativamente pela influência de aspectos pessimistas, densos, mesquinhos, materialistas, entre outros.

Usando esse ponto de vista, o corpo físico passa a ser apenas o sinalizador das condições em que o espírito se encontra. Se o corpo físico está bem e saudável, indica que o espírito está em harmonia. A doença é a indicação de que algo está errado, e, mesmo se manifestando no corpo físico, a causa primária é uma desarmonia no espírito, que se impregnou (somatização) de energias negativas oriundas dos sentimentos, pensamentos e até de influências espirituais.

É importante entender que o espírito é o molde ou forma do corpo físico que, se apresenta uma falha, o corpo físico também vai ter um "defeito", porque é a exposição da essência interior, é uma espécie de "mapa" da alma, pois externaliza o que ocorre no Eu interior.

A aura é a condensação da energia que a alma possui, por isso ela pode se expandir, tornar-se maior ou menor de acordo com a consciência, evolução, energia pessoal e nível de consciência.

Quanto menos expandido é esse campo energético, mais sensível e delicada é a saúde física do ser. Uma pessoa com qualquer doença física tem seu campo de energia debilitado, frágil e com falhas energéticas (causa primária). Essas falhas ou falta de energia presentes na aura são o início da doença que, muitas vezes, ainda nem se manifestou no corpo físico. Olhando por essa ótica, quanto mais expandida e irradiante for a aura de uma pessoa, mais saúde em todos os aspectos ela terá. O contrário será igualmente verdade: quanto mais reprimida e menos expandida, maior será a tendência a adquirir doenças de qualquer espécie.

Então, em que se baseia a cura energética com as plantas? Simples e objetivamente, na busca da expansão e vitalização do campo de energia, ou aura. Quando se expande a energia pessoal, conecta-se com a consciência divina presente em uma frequência mais sutil do que a frequência em que vivemos. A expansão da energia pessoal torna a aura mais sutil e isso a compatibiliza com as energias superiores, o que traz para o indivíduo bem-estar, equilíbrio, plenitude, autorrealização, saúde geral, criatividade, felicidade e muito prazer pela vida.

As causas energéticas das doenças

Como mencionado anteriormente, os chacras estão presentes na anatomia sutil; já no corpo físico são representados pelas glândulas endócrinas principais. Cada camada do campo sutil apresenta diferentes frequências e funções e, para que haja saúde física, mental e espiritual, é necessária a perfeita interação entre essas camadas, os chacras e o corpo físico.

Todos os movimentos, ou fluxos energéticos ocorridos nos chacras, refletem reações em cada glândula endócrina correspondente no corpo físico. Assim, podemos dizer que o chacra é o componente energético que estimula a glândula para o seu pleno funcionamento. A glândula abastecida e vitalizada desempenha seu papel de secretar substâncias como hormônios e outras secreções naturais, essências para o bom funcionamento do organismo. Quando um chacra está debilitado, não gera energia suficiente para estimular a glândula a exercer sua função, o que é imprescindível. Assim, ocorre uma carência nas suas secreções vitais em determinadas regiões do corpo físico. Essas deficiências, em sua grande maioria, são manifestadas na forma de doenças, o que leva o indivíduo, muitas vezes, à necessidade de supri-las com medicamentos farmacológicos (alopáticos).

Por outro lado, se há vitalidade no fluxo energético dos chacras, que são a ponte entre o universo e o corpo físico, não há reflexo negativo no corpo, tampouco há o aparecimento de doenças.

ONDE NASCE A DOENÇA?

A vitalidade dos chacras está intimamente relacionada à saúde física, mental, emocional e espiritual. Na vida cotidiana, o indivíduo enfrenta um amplo universo de sensações, emoções, sentimentos e pensamentos que governam a sua harmonia e o equilíbrio energético. Quando os sentimentos negativos são gerados pela mágoa, raiva, ódio, medo, insegurança, tristeza, decepção, entre outros, o campo energético sofre alterações em seu fluxo normal. Essas alterações criam padrões diferentes para a energia, que começa a se concentrar em pontos específicos (normalmente na região dos chacras, no campo de energia e sobre os órgãos do corpo físico). A essas concentrações damos o nome de bloqueios energéticos, já que travam a passagem do fluxo natural da energia vital.

Quando o fluxo de energia vital fica debilitado, os chacras não atuam em sua plenitude. Consequentemente, não convertem toda a energia para a glândula correspondente, a quantidade de secreções naturais produzidas diminui, o que resulta no desequilíbrio orgânico. Esse desequilíbrio é desencadeado no chacra (e nos órgãos físicos próximos) que corresponde aos aspectos da pessoa que está em desarmonia.

As glândulas atuam como pequenas indústrias essenciais no organismo e o combustível para o pleno funcionamento é a energia vital refletida pelo chacra. Como espelhos refletores de energia, os chacras perdem seu poder de refleti-la quando os bloqueios são formados. Então essas indústrias essenciais não são estimuladas a trabalhar e o organismo sofre com isso, tornando-se "predisposto" a contrair doenças.

Quando o bloqueio energético existente permanece por muitos anos seguidos, o "espelho se quebra" e a luz que reflete a energia vital cessa totalmente. Nesses casos, doenças graves são contraídas, como as crônicas: câncer, diabetes, entre outras.

Exemplos de casos reais

Exemplo 1:

Uma pessoa vive em conflito com seu cônjuge, não consegue se harmonizar. O nível dos relacionamentos está ligado à função do segundo centro de energia, na região sacral. Esse conflito emocional provoca no segundo chacra um distúrbio energético que vai desequilibrar as glândulas gônadas e todos os órgãos próximos ao ponto em questão. Nesse momento, o conflito, que era apenas no campo das emoções (considerado equivocadamente pela medicina convencional como intangível), começa a se manifestar na fisiologia humana, gerando consequentes dores, que mais tarde podem materializar doenças como cisto no ovário, por exemplo.

Exemplo 2:

A pessoa que não consegue se expressar, "não tem boca para nada", vive "engolindo sapos", não consegue expor suas vontades e vive cedendo pelo fato de não conseguir verbalizar suas ideias e sentimentos. Essa conduta desenvolve, no quinto chacra na região da garganta, uma redução no fluxo de energia que, por consequência, provoca alteração na glândula tireoide, mostrando mais um caso de materialização de doença, como dores e inflamações de garganta constantes, hipotireoidismo, entre outras.

Esses exemplos, entre milhares que poderiam ser citados, mostram claramente que nossos conflitos emocionais, nos mais diversos aspectos da nossa existência, precisam ser sempre harmonizados, caso contrário, estaremos criando a nossa própria doença.

A doença criada pela mente

A vibração energética dos vegetais atua nos seres independentemente de suas crenças. Estudos realizados com animais e plantas mostram o resultado dessa teoria. Também foram realizadas várias experiências com pessoas que manifestaram reações características após a ingestão de um chá preparado de acordo com a Fitoenergética, mesmo sem ter consciência de suas propriedades. Contudo, quando o indivíduo crê no efeito de um medicamento ou composto fitoenergético, fica nítido no resultado o aumento da eficiência do tratamento. A mente, trabalhando a favor da cura, traz possibilidades ilimitadas de melhora, que ainda não podem ser compreendidas em sua totalidade.

A mente pode ajudar na reprogramação energética que o campo eletromagnético do indivíduo necessita e isso, certamente, acelera, em níveis significativos, a velocidade da cura. Porém, seguindo o mesmo raciocínio, a mente pode voltar-se contra a cura, e pode criar a debilidade.

Muitas pessoas têm, em função da doença, cuidados ou afetos que não teriam em plena saúde e, por isso, defendem-se criando uma enfermidade. Isso se justifica pelo medo, carência ou outros mecanismos que a mente alimenta e acaba criando uma reação consequente. Considerando esses fatos, é aconselhável que a cura seja um processo consciente, no qual a pessoa busque esse entendimento para que a mente não se volte contra o processo de cura. É aí que está o maior desafio, pois o indivíduo, normalmente, não se dá conta dos erros que comete.

A aplicação da Fitoenergética é eficiente, porque não só atua na causa geradora da doença, mas também estimula o aumento da consciência. E é esta a parte mais importante da cura: conseguir o apoio da mente consciente para que o inconsciente se solte.

Anatomia sutil e os fluidos vitais

O conhecimento e o aprofundamento nos estudos da anatomia sutil dos seres em geral é fundamental para uma sociedade que almeja conhecer os motivos responsáveis tanto pela saúde quanto pela doença.

Muitas culturas já abordaram o tema de diferentes maneiras, sempre com especial cuidado e dedicação, isso porque compreendiam que na anatomia sutil sempre estava a chave da cura, não só do corpo físico, mas da alma.

Convivemos em um universo em que os homens já compreendem que tudo que existe é energia em diferentes estados. A matéria, por exemplo, é a própria energia condensada e a energia é a matéria em estado disperso. Tudo que é energia interage com a matéria, da mesma forma, a matéria interage com a energia, porque tudo é uma só essência fundamental, primordial, que vem da mesma Fonte.

É de crucial importância, para a compreensão e a aplicação prática da Fitoenergética, que o estudante conheça o mecanismo básico de funcionamento da anatomia sutil. Esse campo energético já foi denominado de diferentes formas, em várias regiões do mundo, por diversos povos e seus pesquisadores. Alguns nomes: Corpo de Luz, Aura, Perianto, Corpo Bioplasmático, Perispírito, Psicossoma, entre outros. O corpo físico de todos os seres possui esse envoltório energético que interpenetra a matéria, mostrando claramente uma força superior, uma força de vida, uma energia vital que anima os seres e que, sem ela, não haveria vida ou movimento.

Nossos corpos físicos são veículos de manifestação dessa energia divina, que é a verdadeira essência. Mais uma prova de que a causa da maioria das doenças não está no físico e sim na alma.

No final do período de uma vida, ou encarnação, a alma abandona seu veículo (conhecido como corpo) e volta para a Fonte, ou o plano das dimensões mais sutis. O corpo físico morre, mas a consciência presente naquela alma jamais, isso porque ela está armazenada no nível energético, portanto é imperecível.

A alma do indivíduo habita e anima o corpo físico o tempo todo do período de uma existência, é ela quem dá vida e movimento, é a força motriz por trás de tudo que, quando em desequilíbrio, pode provocar grandes dificuldades, tanto em nível físico quanto emocional, mental e espiritual.

O entendimento de que a anatomia física é sustentada e vitalizada por uma anatomia sutil que a reveste e alimenta expande ilimitadamente o campo das possibilidades de cura, pois permeia no nível da consciência imortal, da alma, que é a essência divina em todos nós. Compreender esse campo de energia é aceitar o papel de Deus nos nutrindo de vida, mas, infelizmente, para muitas pessoas esse fato é algo inaceitável, inconcebível.

Essa força vital que interage conosco e nos alimenta é absorvida pela anatomia sutil ou aura. Assim como o corpo físico possui seus arranjos e sistemas em suas diferentes funções atuantes simultaneamente, o corpo energético também os possui, totalmente sincronizado com as funções do corpo físico.

A anatomia sutil é organizada com diferentes funções em toda sua extensão, que se diferem do ponto de vista da frequência energética de sua vibração. Cada frequência vibracional diferente corresponde a funções específicas. Um dos maiores mistérios que tem sido revelado ao homem, à medida em que seu nível de consciência evolui, é que os pensamentos e emoções afetam diretamente a aura, logo, tudo que pensamos ou sentimos possui a capacidade de melhorar, manter ou piorar o equilíbrio dos fluxos que compõem esse corpo energético.

A descoberta desse fato (que não é um fato novo para os orientais, em especial os hindus) estimula uma mudança de atitude condizente a esse conhecimento, que pode ser a chave para nossa cura essencial e para a evolução em todos os sentidos. Revela-nos uma compreensão mais precisa do poder do livre-arbítrio, em um sentido mais íntimo. Simplesmente porque esse conhecimento descortina a possibilidade de sermos senhores de nosso equilíbrio, conquistando saúde ou doença em função do controle ou descontrole dos pensamentos e emoções, tudo dependendo diretamente da forma como usamos nosso livre-arbítrio.

Na prática, o corpo de luz que nos envolve pode se expandir em média até um metro além do corpo físico.

Quanto mais afastada do corpo, mais sutil é a frequência de vibração. Quanto mais próxima, mais densa. Tudo que acontece no físico reflete no energético e vice-versa, porque tudo está intimamente ligado.

Ao longo desse corpo, formam-se concentrações de energia no formato de vórtices e filamentos, existindo milhares deles na aura de qualquer pessoa, no entanto, alguns são considerados os principais, porque estão ligados às mais importantes questões conscienciais pertinentes à existência humana e à missão espiritual de cada um.

São sete os principais vórtices ou centros energéticos e, por se assemelharem a rodas de energia, receberam dos hindus, há milhares de anos, o nome chacra, que, em *sânscrito*, significa Roda. De acordo com algumas tradições, são também chamados de plexos.

No campo de energia, temos os chacras; no corpo físico, seus correspondentes são as glândulas endócrinas. Já as veias e artérias da fisiologia, no campo energético, são representadas pelos nadis, ou meridianos de energia.

Os nadis também são milhares espalhados pelo corpo, no entanto, o principal deles é conhecido como canal Sushumna, que é o ponto de interseção entre todos os chacras, representado, no físico, pela coluna vertebral. Como a aura se distribui em camadas com diferentes frequências, nos pontos em que as diferentes vibrações se concentram em maior fluxo, há o aparecimento desse vórtice de energia, ou seja, nas áreas onde os principais nadis se entrecruzam.

Eles têm a função de abastecer os campos de energia para que as funções físicas, o sistema nervoso (central e periférico) e as glândulas endócrinas do organismo sejam abastecidas e estimuladas. Eles agem como pontes de conexão entre a energia da vida (o fluido vital presente no universo, conhecido como, Prana, Ki, Chi, entre outros nomes) e o corpo físico, que necessita dessa força para se manter também saudável.

Quando os chacras não se abastecem com qualidade e quantidade suficientes de energia vital, as funções físicas não são estimuladas, e com isso a química do corpo, os impulsos elétricos e a produção de substâncias, essências naturais, não acontecem suficientemente, dando início ao aparecimento de doenças, como, por exemplo, a depressão.

É fundamental compreender a anatomia sutil para aplicar a Fitoenergética. Quando o aprendiz da técnica conhecer a causa origem da doença, imediatamente irá lançar mão de um composto de plantas que tenha capacidade de agir nos chacras em desequilíbrio, estimulando para que o corpo físico volte a produzir suas substâncias essenciais, naturalmente curativas.

Cada um dos sete chacras mais importantes estão ligados a uma glândula endócrina principal, o que possibilita dizer que eles são os seus reflexos energéticos. Os chacras estão também ligados à específica região da aura, que pode ser dividida em sete camadas, sendo cada uma associada a um dos chacras.

Cada chacra, juntamente com sua camada de energia correspondente, desenvolve funções específicas nos diversos aspectos do indivíduo, porque vibra em frequências diferentes e definidas.

A vibração característica de cada chacra, quando em equilíbrio, tende a produzir uma cor; sendo assim, cada centro energético produz uma vibração que desenvolve uma coloração como sua identidade. Especificamente falando, os chacras contêm as vibrações de todas as cores do espectro solar, no entanto, em cada um deles há predominância de uma dessas cores. Nas pessoas mais evoluídas e desenvolvidas espiritualmente, essas cores tendem a ser bem definidas e irradiantes; já nas pessoas materialistas envoltas em vibrações mais baixas e primitivas tendem a ter nuances de cinza, cores escurecidas e opacas, além de apresentarem substancial estreitamento no diâmetro do redemoinho energético que forma o chacra.

A atuação de um composto fitoenergético sempre será eficaz quando conseguir atingir toda essa extensão dos pontos em desequilíbrio do campo energético, obtendo, assim, níveis profundos de cura e equilíbrio.

Chacras, portais da consciência

São tantos os desafios da humanidade com respeito à missão de cada um, às necessidades de evolução e à cura das mazelas da alma que aprofundamos a linha de estudo dos chacras sob o ponto de vista das causas geradoras de doenças associadas aos pensamentos e sentimentos que podem desestabilizá-los. Contudo, deixamos em segundo plano o foco na compreensão de que os chacras principais são portais para sete níveis de consciência que devem ser despertados nos momentos propícios, no decorrer das sucessivas existências. Cada chacra, ou portal da consciência, carrega consigo uma missão, que é uma tarefa bem específica para ser desempenhada. Quando direcionamos o foco dos estudos para a questão das doenças, é porque nossos atos falhos são os responsáveis por comprometer a missão que cada chacra tem, não permitindo que eles despertem e se desenvolvam equilibradamente. A abertura plena de todos esses portais da consciência é sinônimo de iluminação, segundo alguns mestres e santos hindus.

Esses plexos são vórtices giratórios de energia que formam um diâmetro médio entre 5 e 10 cm, mas sua irradiação pode estender-se além disso em função do nível evolutivo de cada um. Pode-se dizer que, quanto maior for o nível de consciência de alguém, maior e mais irradiante serão os seus chacras.

É também através dos chacras que perdemos vitalidade quando estamos em sofrimento emocional, ou quando sob a influência de obsessões.

Na representação oriental, os chacras são vistos como uma flor com números variados de pétalas, segundo suas localizações e vibrações, fazendo uma metáfora com a necessidade que temos de aflorar nossos avanços conscienciais. Ainda, nessa ótica, cada flor com suas diferentes quantidades de pétalas tem um nome em sânscrito que traz um significado, manifestando a sua missão, tanto na consciência quanto no corpo físico. Além do nome, em função de suas vibrações, são associados a um bija mantra, uma nota musical e um elemento.

Eles atuam em movimento constante e equilibrado quando em harmonia, podendo ser horário ou anti-horário. Há frentes de estudo que dizem que estará em equilíbrio quando girando no sentido horário e em desequilíbrio no sentido anti-horário. Já outras linhas consideram que os chacras da mulher apresentam sentido do giro invertido em relação ao do homem. Nessa visão, o chacra básico do homem gira no sentido horário e o da mulher no sentido anti-horário. No caso do chacra sacral (segundo), no homem gira no sentido anti-horário, já na mulher, no sentido horário, e assim sucessivamente, permitindo uma troca constante de energia entre os dois sexos.

Os sábios antigos do Oriente sempre souberam a importância em zelar para que forças contidas em cada chacra fossem despertadas harmoniosamente, daí o exercício da meditação, do yoga, dos mantras e tantas outras práticas realizadas que ajudam no afloramento equilibrado desses centros de consciência.

Chacras

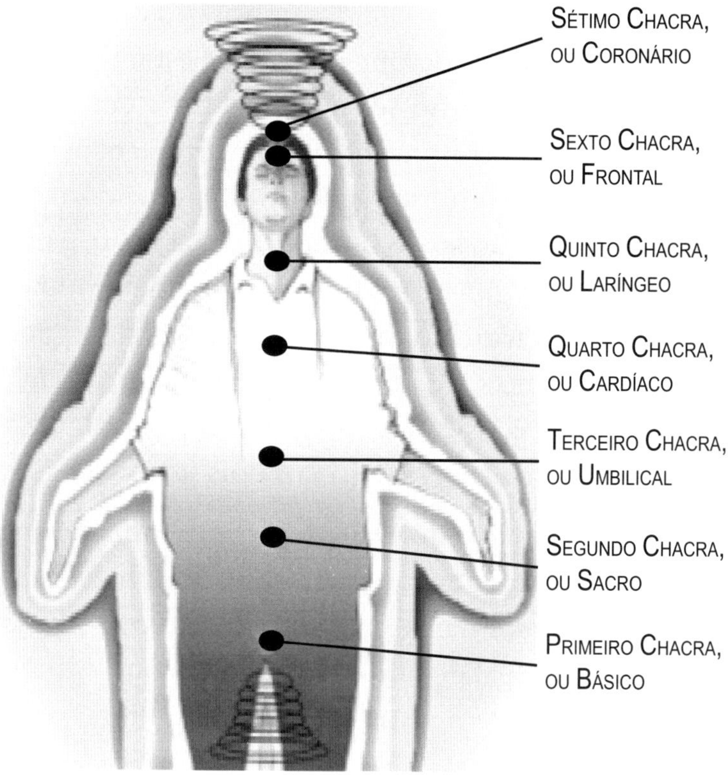
Sétimo Chacra,
ou Coronário
Sexto Chacra,
ou Frontal
Quinto Chacra,
ou Laríngeo
Quarto Chacra,
ou Cardíaco
Terceiro Chacra,
ou Umbilical
Segundo Chacra,
ou Sacro
Primeiro Chacra,
ou Básico

Sétimo Chacra, ou Coronário – Quando em equilíbrio, vibra na frequência da cor violeta. Associado à sétima camada do campo energético e à glândula pineal ou epífise.

Sexto Chacra, ou Frontal – Quando em equilíbrio, vibra na frequência da cor azul índigo. Associado à sexta camada do campo energético e à glândula hipófise ou pituitária.

Quinto Chacra, ou Laríngeo – Quando em equilíbrio, vibra na frequência da cor azul. Associado à quinta camada do campo energético e à glândula tireoide e paratireoide.

Quarto Chacra, ou Cardíaco – Quando em equilíbrio, vibra na frequência da cor verde. Associado à quarta camada do campo energético e à glândula timo.

Terceiro Chacra, ou Umbilical – Quando em equilíbrio, vibra na frequência da cor amarela. Associado à terceira camada do campo energético e à glândula pâncreas.

Segundo Chacra, ou Sacro – Quando em equilíbrio, vibra na frequência da cor Laranja. Associado à segunda camada do campo energético e às glândulas gônadas.

Primeiro Chacra, ou Básico – Quando em equilíbrio, vibra na frequência da cor vermelha. Associado à primeira camada do campo energético e às glândulas suprarrenais.

Tabela 1. Chacras, suas características, classificações e relações

Chacra	Nome em sânscrito	Aspecto da consciência	Cor	Mantra	Localização	Zonas do corpo correspondentes	Glândulas	Hormônios	Elemento	Nota musical	Nº de pétalas
7.Coronário	Sahasrara: significa lótus das mil pétalas	Ligação com a essência da alma, vontade e propósito espiritual, missão da alma, sentido da vida	Violeta	-	Alto da cabeça	Parte superior do cérebro	Pineal ou epífise	Serotonina	-	Si	972
6.Frontal	Ajna: significa centro de comando	Responsabilidade por si mesmo, discernimento, inteligência, consciência, intuição, clarividência cocriação do universo	Índigo	Om	Centro da testa a aprox. 1cm acima das sobrancelhas	Olhos, têmporas, sistema nervoso	Hipófise ou pituitária	Vasopressina	-	Lá	96
5.Laríngeo	Vishuddha: significa o purificador	Autoexpressão, criatividade, materialização de ideias, realizações, inteligência em ação	Azul	Ham	Garganta	Garganta, boca, ouvidos	Tireoide e paratireoide	Tiroxina	Éter	Sol	16
4.Cardíaco	Anahata: significa o inviolável	Amor, sentimentos, altruísmo, amor por si mesmo, intuição, sabedoria, compaixão, discernimento	Verde	Yam	Região central do peitoral	Coração, sistema circulatório sangue	Timo	Hormônio do timo	Ar	Fá	12
3.Umbilical	Manipura: significa cidade das joias	Poder pessoal, alegria, perdão, autoconfiança, coragem, emoções, desejos, equilíbrio, tolerância, gratidão, respeito	Amarelo	Ram	Estômago	Fígado, baço, estômago, intestino delgado, vesícula biliar	Pâncreas	Insulina	Fogo	Mi	10
2.Sacro	Swadhistana: significa morada do prazer	Sexualidade, relacionamentos e vínculos, prazer pela vida, autorrespeito, autoestima	Laranja	Vam	Abdome inferior, 3cm abaixo do umbigo	Abdome inferior, útero, intestino grosso, sistema reprodutor	Gônadas, ovários e testículos	Testosterona e progesterona	Água	Ré	6
1.Básico	Muladhrara: significa base	Energia de sobrevivência e funcionamento físico, estrutura de base, forças de base, relacionado ao dinheiro, trabalho, percepção de si mesmo	Vermelho	Lam	Base da coluna	Rins, bexiga, reto, coluna vertebral, quadris, ossos sangue	Suprarrenais	Adrenalina e neuroadrenalina	Terra	Dó	4

* O chacra só vibra na cor especificada se estiver em equilíbrio, caso contrário pode vibrar em diferentes tonalidades

Tabela 2: Doenças/desequilíbrios x causas x chacras relacionados

	Localização na aura	Localização no corpo físico	Alguns comportamentos que podem gerar desequilíbrios	Algumas doenças que os desequilíbrios podem gerar
7. Coronário	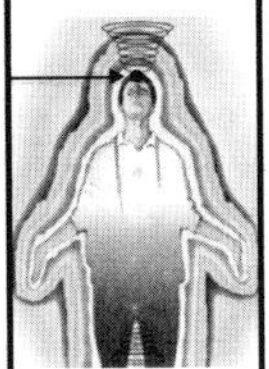	Alto da cabeça	Negligência espiritual, alienação da causa e missão pessoal, falta de fé, incredulidade, não aceitar o mundo, não se ligar a uma consciência divina, não crer em Deus, brigar com Deus, rejeitar sua origem e criação etc.	Desequilíbrio do relógio biológico e do sono. Estado de torpor constante. Estado de espírito alterado. Desarmonia no vínculos entre corpo físico e corpos sutis. Não integração total da personalidade com a vida e os aspectos espirituais. Tumores no cérebro. Obsessões espirituais. Depressões. Mal de Alzheimer. Mal de Parkinson. Esquizofrenia. Epilepsia. Influencia a função de todos os outros chacras.
6. Frontal	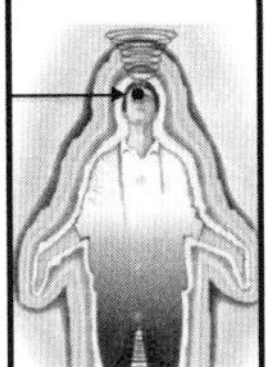	Centro da testa a aprox. um centímetro acima das sobrancelhas	Ceticismo, materialismo excessivo, excesso de preocupações na vida, não saber dar limites na vida, excesso de negatividade, raiva do mundo, futilidade, dificuldade em viver a vida, excessiva visão racional e lógica de tudo etc.	Incapacidade de visualizar e compreender conceitos mentais. Incapacidade de pôr ideias em prática. Influencia a função de todas as outras glândulas. Dores de cabeça. Sinusite. Confusão mental. Dificuldade de concentração. Memória ruim. Otites. Hiperatividade mental.
5. Laríngeo	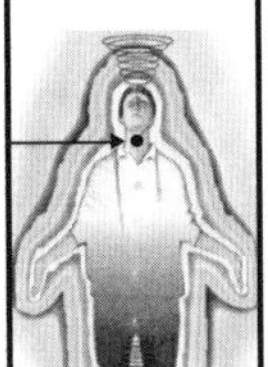	Garganta	Não conseguir falar, não conseguir opinar, não conseguir verbalizar ou expressar os sentimentos, "engolir" os sentimentos reprimidos, não conseguir pôr em prática os projetos etc.	Falta de criatividade para verbalizar pensamentos. Dificuldade de expressão e comunicação, principalmente em público. Asmas. Artrites. Alergias. Laringites. Dores de garganta. Problemas menstruais. Herpes e aftas na boca. Problemas de cabelo e pele. Descontrole do crescimento do corpo na infância. Bócio. Herpes. Câncer na garganta. Perda da voz. Surdez. Problemas nos dentes e gengivas.
4. Cardíaco	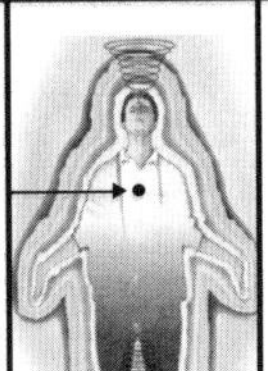	Região central do peitoral	Sentimentos reprimidos, tristeza, não achar graça da vida, materialismo excessivo, falta de compreensão, falta de sensibilidade, excesso de apego por tudo, dores de perda e abandono etc.	Infartos. Angina. Taquicardia. Paradas respiratórias. Deficiência pulmonar. Circulação precária. Baixa imunidade. Efizema pulmonar. Câncer de mama. Lúpus. Doenças do sangue em geral. Doenças arteriais. Gripes.
3. Umbilical	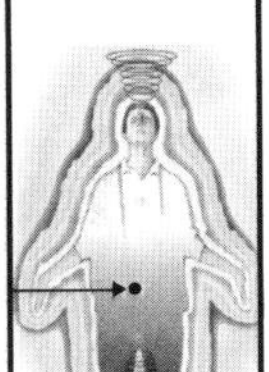	Estômago	Raiva, medo, insegurança, mágoa, tristeza, remorso, arrependimento, não engolir a vida, falta de aceitação, intolerância, desejos não realizados, ansiedade, angústia, pânico, não perdoar, vitimizar-se, excesso de infantilidade, falta de flexibilidade, carência afetiva, vergonha, culpa.	Deficiência digestiva e estomacal. Úlcera. Gastrite. Oscilações de humor. Depressões. Introversão. Hábitos alimentares anormais. Instabilidade nervosa. Câncer de estômago. Desequilíbrio emocional. Inseguranças. Medos e Pânicos. Agonias. Ansiedade. Diabetes. Obesidade. Pancreatites. Hepatites. Compulsão por consumo. Hérnia de hiato.

	Localização na aura	Localização no corpo físico	Alguns comportamentos que podem gerar desequilíbrios	Algumas doenças que os desequilíbrios podem gerar
2. Sacro	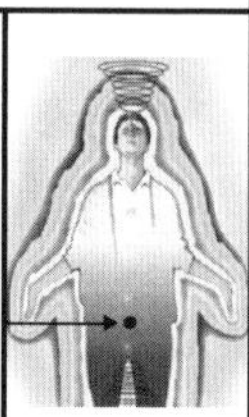	Abdome inferior, 3 cm abaixo do umbigo	Dificuldades nos relacionamentos com conjuges, parentes, amigos etc. Autopodar-se de realizações na vida, falta de aceitação do corpo, baixa autoestima, dificuldade em viver a vida etc.	Deficiências no sistema linfático. Falta de orgasmo. Incapacidade de ereção. Ejaculação precoce. Descontroles no fluxo menstrual. Acúmulo de gordura acentuado na região do quadril. Obesidade em geral. Cistos nos ovários. Infertilidade.
1. Básico	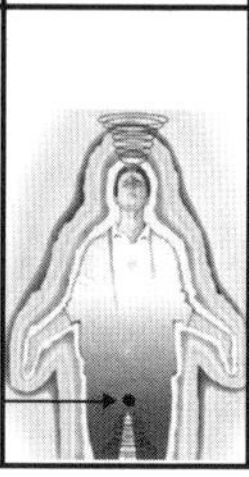	Base da coluna	Problemas familiares, excessos de responsabilidade, pessoal, profissional, familiar etc.Dificuldades na estrutura de vida, falta de dinheiro, falta de emprego.	Indisposição física. Falta de vitalidade. Dores nas juntas. Torcicolo. Nervo ciático. Desânimo de viver. Falta de entusiasmo. Falta de aterramento no plano Terra. Problemas nos ossos. Hemorroidas. Unha encravada crônica. Infecção de rins e bexiga.

Como usar a tabela: Doenças/desequilíbrios x causas x chacras relacionados

Consultando os dados da tabela, você já pode comparar as informações com a sua realidade de vida, ou de qualquer pessoa, e assim, identificará quais os chacras que, possivelmente, estão em desequilíbrio.

Após a verificação na tabela, comparando com os sintomas apresentados, seja seu ou da pessoa a quem vai tratar, você já poderá mapear os focos de desequilíbrio.

É muito comum que se revelem vários chacras em desarmonia, muitas vezes todos os sete. Não há restrições quanto a isso, o importante é identificar os pontos em desarmonia. Em função dos conflitos atuais da humanidade, não é incomum a ocorrência de pessoas com todos os centros de força desequilibrados.

No momento da composição do tratamento e da escolha das plantas, o primeiro passo é a localização das causas, por isso a importância em consultar com atenção essa tabela, para facilitar a prática.

Leia a tabela, chacra por chacra. Caso você se identifique com uma ou mais questões citadas, já indica um desequilíbrio naquele ponto.

A cada chacra que você ler e considerar que há desequilíbrio pela similaridade com o caso que quer tratar, anote-o em uma folha. Siga tomando nota e lendo todos os tópicos da tabela.

Ao final da análise, você já terá um mapa preciso dos chacras que merecem cuidados, ou seja, das causas origem do problema, esteja ela já em nível físico, ou ainda em nível emocional, mental ou espiritual. Guarde sua anotação para logo em seguida determinar as plantas que serão utilizadas no seu composto fitoenergético.

NOSSA META É SER VERDE!

Nosso corpo energético, ou nossa aura, é uma emanação sutil de energias. Como já explicado anteriormente, nesse corpo de luz estão presentes os chacras, desempenhando o papel de centros energéticos, responsáveis pela captação e transformação da energia cósmica. Essa energia entra através dos chacras, por consequência, abastece as redes dos nadis (meridianos de energias), o sistema nervoso, as glândulas endócrinas e a rede sanguínea.

Um fluxo contínuo de vitalidade é necessário para manter a harmonia e a saúde de nossos diferentes aspectos, desde os mais sutis até os mais densos.

O bom funcionamento dos chacras não só reflete saúde física, mas também equilíbrio emocional, mental e espiritual. Isso porque eles são os grandes responsáveis pela interação mente x corpo x alma.

Esses centros energéticos estão situados na localidade das sete glândulas endócrinas principais. Cada um deles possui uma função específica. Por assim serem, também apresentam frequências diferentes. Cada frequência vibra em um padrão próximo a uma cor, formando um verdadeiro arco-íris, porque vão do vermelho (primeiro chacra) até o violeta (sétimo chacra). Quando um chacra vibra em sua plena frequência, ele forma a emanação da cor característica, mostrando seu equilíbrio e vitalidade, manifestando, assim, que está desempenhando plenamente suas funções.

As emoções que sentimos interferem diretamente na harmonia dos chacras, desequilibrando-os quando negativas ou vitalizando-os quando positivas. E isso o tempo todo.

Em outras palavras, esses centros energéticos estão se moldando a cada instante, de acordo com as emoções geradas.

Conclusão: o chacra só vai vibrar na sua cor fundamental, se os aspectos emocionais estiverem em equilíbrio e, como sabemos, isso não é tarefa fácil...

Você acha que seu chacra cardíaco (4º chacra) vibra sempre na cor verde? Que cor você acha que ele fica quando se sente ódio, fúria ou se vive um forte conflito?

Acredita mesmo que seu chacra frontal (6º chacra) vibra constantemente na frequência do azul índigo, mesmo quando se está estressado e pessimista?

E assim vamos vivendo, contaminando as cores dessa aquarela com nossas emoções nefastas.

Como sabemos, o chacra do coração fica situado exatamente no centro desse eixo, no sentido vertical. Qual a sua cor quando em equilíbrio?

É o verde. Que não é nem um extremo nem o outro. Que manifesta a capacidade de ponderar, de avaliar com clareza, de ser equilibrado. E, por isso, situa-se no coração, porque o sentimento de amor verdadeiro é o único que consegue ver além das margens, que pode compreender profundamente tudo, que se baseia no equilíbrio e na harmonia essencial da alma. E essa, sem dúvida, é nossa missão aqui neste plano. Aprender a curar de tal maneira nossas inferioridades, que os borrões do psiquismo deturpado não contaminem esse colorido celeste do arco-íris transcendental. Que nos mostra, claramente, a necessidade de vencermos esse desafio de nossa raça. De transmutar o impuro, de vibrar no verde, no amor, na bruma leve de um novo dia tranquilo, sem fortes emoções... Só o bem e as marés calmas.

E só desenvolvi esse raciocínio com um simples objetivo de levar você a uma reflexão: Qual a cor predominante do Reino Vegetal. Qual a cor predominante em uma floresta?

Seria o verde?

Se quando atingirmos o equilíbrio dos centros de força estaremos atingindo equilíbrio da alma e esse padrão é o verde, logo podemos concluir que verde é tudo que precisamos no momento!!!

Pense com carinho. Está com você decidir se é apenas coincidência ou se realmente a maior missão das plantas é nos ajudar no equilíbrio da alma, na expansão da consciência e do amor.

CAPÍTULO 3
A cura da alma

POR QUE A FITOENERGÉTICA FUNCIONA?

Fitoenergética estuda a influência dos vegetais sobre a anatomia sutil dos seres vivos. Ela entende o ser como uma composição de diferentes campos de energias e frequências.

Busca, também, compreender como essa influência pode atuar positivamente no campo energético de cada ser vivo (seres humanos, animais, ambientes e os próprios vegetais), que acaba resultando em bem-estar geral em todos os aspectos. Atua, ainda, nas causas geradoras de doenças que, na grande maioria dos casos, ocorre primeiramente na anatomia sutil para depois se refletir no campo físico. Quando falta vitalidade na vibração de qualquer faixa de frequência, ocorre desarmonia, mal-estar e, posteriormente, pode ainda gerar a doença. Para isso, a Fitoenergética se faz valer das aplicações e combinações corretas de vegetais nos seres vivos, o que proporciona vitalidade onde houver debilidade, criando vibração capaz de desprogramar os efeitos da doença, resultando em harmonia e saúde.

Para que um composto fitoenergético possa atuar sobre os desequilíbrios identificados, é necessária a escolha adequada dos vegetais associados aos chacras em questão. A escolha certa dessas plantas gera um alinhamento por compatibilidades e os chacras recebem fluxos de energia da mesma frequência que necessita para se harmonizar, proporcionando um salto em seu nível de vitalidade.

Além dos vegetais, outros tipos de vibrações podem fornecer energia para os chacras, como os cristais, óleos essenciais, mantras e sons especiais, a vibração das cores, as técnicas de curas pelas mãos, como Reiki, passe magnético, cura prânica, Johrei, entre outros. Embora neste livro especificamente o foco de estudo são os vegetais, é importante evidenciar que a natureza nos oferece diversas opções para cura e equilíbrio de nossas almas.

A combinação adequada dos vegetais pode oferecer suprimento energético na frequência certa para desprogramar a doença física, se ela já estiver instalada. Isso acontece porque com esse estímulo a aura é capaz de reverter sua frequência, e, por consequência, proporcionar que o corpo físico a expulse e volte a funcionar em sua harmonia natural. Com a vibração vitalizada e harmonizada, estabelece-se a condição para remoção da enfermidade e manutenção da saúde integral.

CLASSIFICAÇÃO DOS VEGETAIS SEGUNDO A FITOENERGÉTICA

Os vegetais estudados foram aqui divididos em quatro grupos:

– Vegetais puros;

– Vegetais físicos;

– Vegetais niveladores;

– Vegetais condutores.

Essa classificação foi realizada em função da frequência em que vibram e a forma de atuação.

VEGETAIS PUROS

São os que atuam diretamente no campo de energia, através dos chacras, nos níveis da consciência, do emocional, mental e espiritual. Os vegetais podem refletir suas vibrações em mais de um chacra, porém, manifestam-se preferencialmente no nível de energia que encontram mais estabilidade e compatibilidade e será nessa frequência sua maior eficiência quanto ao suprimento de energia.

Essa classe pode ser considerada como os obreiros, porque são eles que exercem influência direta nos chacras. Quando você fizer o mapeamento das causas da doença, cada chacra que você detectar com desequilíbrio precisará ter um vegetal puro para reequilibrá-lo.

Exemplo: Uma pessoa apresenta falhas nos chacras 7, 6, 3 e 2, portanto irá precisar de um composto que tenha um vegetal puro específico do sétimo, um vegetal puro específico do sexto, um vegetal puro específico do terceiro e um vegetal puro específico do segundo. Assim, a pessoa já estará selecionando os vegetais puros que serão empregados no composto.

Vegetais niveladores

Alguns vegetais apresentam um efeito mais disperso no campo de energia e em vários chacras ao mesmo tempo. Essa classe é de importante utilidade na combinação de compostos, porque atua como niveladora entre as diferentes frequências dos chacras. Não são vegetais que possuem foco de energia concentrado em definidos chacras como os puros. São imprescindíveis para uso nos compostos, atuando como equilibradores da fórmula. É uma importante classe de vegetais, já que possibilita a formação de pontes entre as frequências diferentes de vegetais de um mesmo chacra e não permite falhas. Dessa forma, gera um perfeito alinhamento energético do composto. Por isso, essa classe é considerada responsável por reduzir qualquer tipo de reação (efeitos colaterais) que possa ocorrer em relação ao seu uso. É comum, em tratamentos energéticos, as pessoas apresentarem reações como catarses, disenterias, fortes oscilações de humor e ânimo, além de outras manifestações produzidas pela alteração da vibração da aura.

Mesmo havendo ajuste da frequência da aura e dos chacras, quando empregamos os vegetais niveladores no composto, reduzimos substancialmente os efeitos colaterais.

Todos os compostos necessitam de um vegetal nivelador, que deve ser escolhido de acordo com os chacras envolvidos no tratamento. Se o tratamento envolve os chacras 2, 3 e 5, o vegetal nivelador precisa atuar até o 5. Se o tratamento envolve os chacras 1, 2 e 7, o vegetal precisa alcançar até o chacra 7. Isso quer dizer que o nivelador precisa alcançar até o chacra superior determinado no tratamento.

Não é necessário o uso de mais de um tipo de nivelador por composto, no entanto, se você assim quiser, não há restrições.

VEGETAIS FÍSICOS

Esta classe de vegetais atua mais precisamente no corpo físico, ajudando na eliminação da dor física. Esses vegetais são munidos de uma potencialidade maior para tratar efeitos de disfunções já manifestadas no corpo físico. Eles não atuam diretamente nas causas, que normalmente ocorrem nos campos de energia sutis do ser. São associados aos chacras, pois atuam em regiões específicas, no entanto, a ação não é na alma, é mais superficial, somente no corpo denso. Sua importância está diretamente ligada aos efeitos rápidos que tiram a dor ou aliviam o sofrimento quando a doença já está instalada.

Essa classe não é indispensável, porque atua apenas ajudando na redução da dor física.

Se o tratamento é para uma doença da alma, como, por exemplo, medo da morte, em que não existam manifestações no corpo físico, essa classe de vegetais é dispensada.

Quando aparece uma doença na alma, ademais dos efeitos no mental e emocional, surgem manifestações físicas, aí esses vegetais são necessários. Nesse caso, além de escolher um vegetal puro para cada chacra afetado, você precisará escolher mais um vegetal físico para cada região dolorida, usando simultaneamente as duas classes de plantas, somando-se a um tipo de vegetal nivelador que atua na faixa de todos os chacras do tratamento.

Exemplo: Uma pessoa que possui desequilíbrios nos chacras 1, 3 e 5. Além da desarmonia energética dos chacras, ela tem muita dor na garganta e "queimação" no estômago, portanto manifestações físicas nos chacras 3 e 5. Sendo assim, ela vai precisar montar um composto energético com um vegetal puro por chacra debilitado, mais um vegetal físico para cada chacra que se localiza o mais perto possível da dor. Assim, a escolha dos vegetais nesse caso seria:

Vegetais puros: um para o primeiro chacra + um para o terceiro chacra + um para o quinto chacra.

Vegetal nivelador: um que atue do primeiro ao quinto chacras.

Vegetais físicos: um para a região do estômago (terceiro chacra), mais um para a região da garganta (quinto chacra).

Vegetal condutor: apenas um tipo.

Vegetais condutores

Essa classe é responsável por acessar os registros akhásicos do indivíduo, conduzindo a energia dos vegetais (principalmente os puros) para o objetivo a que se destina. São especialmente eficientes quando a debilidade tem origem em um fato traumático ocorrido no passado (desta vida ou até mesmo de vidas passadas). Eles atuam acessando o registro e abrindo passagem para um tratamento fitoenergético. O vegetal condutor atua em todos os chacras, funcionando como uma ponte de acesso à origem do problema. Esses vegetais são os grandes responsáveis pela cura energética celular, ou seja, a cura da alma, por isso devem ser utilizados em todos os compostos. Não se deve utilizar mais de um condutor por composto, porque sua natureza transcendental torna o tratamento desequilibrado, podendo gerar sonolência e desaterramento. Em todos os tratamentos, use apenas um vegetal condutor, escolhido de acordo com a sua função, mas não se preocupe com os chacras, porque essa classe consegue atuar em todos ao mesmo tempo.

Exemplo de tratamento: Uma pessoa está com muita ansiedade. Estudando a tabela das causas, percebeu-se que os desequilíbrios estão nos chacras 1, 3 e 6. Além disso, há muita ocorrência de dor no estômago. Os vegetais escolhidos foram:

Puros: um para o primeiro chacra + um para o terceiro + um para o sexto.

Nivelador: um apenas, que alcance até o sexto chacra.

Físicos: um para a região do estômago, que é o terceiro chacra.

Condutor: um apenas.

Resumo da classificação dos vegetais segundo a Fitoenergética

Vegetais puros: atuam no campo energético, através dos chacras, modificando a vibração e desprogramando a doença.

Vegetais niveladores: reduzem efeitos colaterais, nivelam a frequência do composto para perfeito alinhamento energético.

Vegetais físicos: eliminam os sintomas e reações da doença que já está instalada no corpo físico, agilizam a remoção da dor.

Vegetais condutores: acessam os registros akhásicos, conduzindo a energia de outros vegetais para o objetivo a que se destina (cura energética profunda, longo alcance na frequência).

Um composto fitoenergético deve sempre conter as seguintes classes de vegetais:

Puros: usar um por chacra que se queira tratar.

Nivelador: usar um por composto, que tenha alcance sobre todos os chacras que vão ser tratados.

Físicos: um por região onde se manifesta a dor. Se não houver dor física, não há necessidade de usá-los.

Condutor: apenas um por composto.

Um composto fitoenergético preparado dessa maneira atua em todos os aspectos do ser: físico, mental, emocional e espiritual.

Eliminar doença
=
Sintonizar o sinal na frequência

Na Fitoenergética, o grande diferencial responsável pela eficiente e rápida ação é a forma com que os vegetais são escolhidos. Quando um conjunto de sintomas está evidentemente manifestado no corpo físico da pessoa, é óbvio que se faz necessário removê-lo, porém, jamais será possível a remoção total, se a causa geradora não for eliminada. Uma pessoa doente já contém em nível celular a vibração da doença que está registrada e que dita a sequência da vibração do campo de energia. Eliminar a doença requer alterar essa frequência, modificar a vibração e registrar um novo comportamento para as células doentes. Esse processo pode ser denominado de cura profunda e traz ao indivíduo um novo padrão vibratório. A cura nada mais é do que a manifestação de um novo padrão vibratório ao indivíduo, estimulando a formação de células saudáveis e vitalizadas na frequência que, anteriormente, estava deficiente. A doença é uma deficiência contraída e essa deficiência possui um endereço, que costumamos chamar de frequência. Quando certa frequência está debilitada, ela tende a gerar células doentes, criando dano aos corpos físico, emocional, mental e até espiritual.

O usuário da Fitoenergética necessita saber a frequência em que o problema ocorre e administrar um tratamento energético que vá objetivamente até aquela sintonia.

O nosso corpo (com todas as camadas energéticas) é como um rádio, com AM e FM. Quando algo vai mal, podemos comparar a uma falha na sintonia da rádio (fora da estação). O agente curador identifica a frequência certa e ressintoniza para a perfeita transmissão do sinal (que nesse caso pode ser comparado com a energia vital). Podemos entender o uso das plantas através deste exemplo. Os vegetais geram uma frequência compatível com o sinal debilitado e, quando ela é aplicada, atua como um sintonizador da frequência doente. Por isso, não é recomendado preparar vegetais com frequências diferentes da doença, pois não será possível "sintonizar o sinal" e a cura não será obtida.

Quando a escolha do tratamento não trata a causa, a doença não é desprogramada e isso pode gerar um conforto temporário. Como a frequência está impregnada, em pouco tempo a tendência é que a doença se manifeste novamente. Até mesmo métodos eficientes e tradicionais de curas naturais podem muitas vezes não agregar nada na cura, se a escolha for feita de forma equivocada. Obviamente, quando o indivíduo se utiliza de vegetais, mesmo que na frequência diferente da necessária, ele tem um salto no seu nível geral de vitalidade, pois absorveu energia de uma forma genérica. Porém, com o tempo, a tendência é de regressão ao quadro anterior.

Quando uma criança tem fome e chora, talvez a mãe tente distraí-la com um brinquedo, ela esquece por alguns minutos, mas logo a fome retorna e a criança volta a chorar. Novamente a mãe tenta outro artifício e mais alguns minutos de distração, até que nada mais agrada. Então essa criança recebe o alimento e acalma-se totalmente. De fato, quando se recomenda o tratamento energético errado, a doença será somente "despistada" por algum tempo, assim como a criança, mas depois volta a se manifestar, muitas vezes ainda mais intensa. Portanto, se é a alma que precisa de ajuda, trate a alma, se é a mente, trate a mente, se são as duas, trate as duas, se é o físico, trate tudo! Normalmente, esquecemos de um dos aspectos e a cura fica incompleta.

Em um tratamento da Fitoenergética, a ação ganha potencialidade e profundidade quando as energias combinadas atuam em todos os níveis ao mesmo tempo, ou seja, em uma faixa mais ampla da frequência.

Como já vimos anteriormente, os vegetais foram classificados em puros, niveladores, físicos e condutores, o que sugere que esses quatro tipos possam estar presentes em um tratamento. Os vegetais físicos atuando diretamente na doença já instalada, os puros nos aspectos emocionais, mentais e espirituais (vão direto ao chacra correspondente), os niveladores minimizando (nivelando falhas na frequência) sensações desagradáveis no corpo e mantendo o equilíbrio na alteração da vibração e os condutores como agentes que abrem passagem para a cura energética profunda. Ocorre que, quando utilizamos um composto com os vegetais certos, ampliamos a faixa da frequência de atuação, realizando uma varredura na região desequilibrada que gera a doença. A eficiência está justamente nesse "arrastão" em uma extensa frequência de vibração, onde pode estar instalada a patologia. Essa frequência recebe um grande salto no nível de vitalidade e resgata a sintonia saudável para saúde plena, física, mental, emocional e espiritual.

É necessário ainda comentar que as atitudes e o padrão mental do indivíduo podem interferir seriamente nos resultados, por isso é preciso administrar os tratamentos corretos, em sintonia com atitudes condizentes com o objetivo de cura energética. Por isso, sempre que possível, a pessoa deve reavaliar seus conceitos, sua conduta, sua forma de viver a vida, para que sejam feitos os ajustes necessários de comportamento. Só esses ajustes, em geral, já proporcionam uma cura em níveis mais profundos. O interessado poderá ainda procurar a ajuda de um profissional especializado, até porque, quando precisamos de cura profunda, temos que fazer também mudanças profundas. A medicina vibracional deve sempre ser utilizada de forma complementar, mas também de maneira preventiva, pois, como já foi dito, a vitalidade do campo energético elimina a doença. Quando a doença se faz presente no físico, a utilização da vibração dos vegetais pode complementar com sucesso o trabalho dos remédios alopáticos tradicionais (com indicação e acompanhamento médico), ampliando seus efeitos, diminuindo o tempo de recuperação da saúde plena e harmonia física e também minimizando efeitos colaterais.

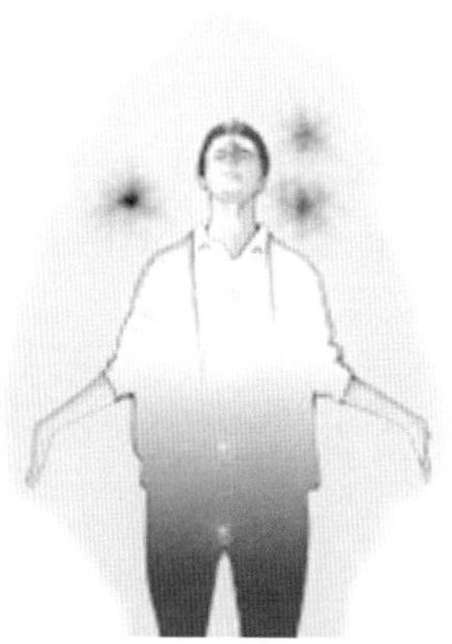

Manchas escuras indicando a presença de bloqueios energéticos na aura.

Aura restaurada após o uso da Fitoenergética.

A CURA CELULAR

O corpo físico de um ser humano é composto por um mínimo superior a trilhões de células. Essas células apresentam informações, reflexos da vibração energética do ser. Se uma pessoa tem muito medo de tudo e de todos, podemos dizer que está impregnada de medo, ou seja, que o medo é um registro da célula. A cura profunda só ocorre quando atua em nível celular, removendo de cada célula constituinte do corpo esses registros que estão ancorados em um padrão muito profundo.

Quando um sistema fitoenergético adequado é utilizado para eliminar um aspecto negativo, ele deve ser um constituinte energético da nova célula que nasce. Isso faz com que o padrão de cada célula nova que venha a nascer seja alterado, ressignificando aquele aspecto negativo. É por isso que os compostos vegetais atuam como aditivos, limpando as células e reimpregnando-as com características contrárias aos aspectos negativos. Ainda de acordo com o exemplo anterior, se a pessoa tem medo, o vegetal deve limpá-la e ainda imprimir coragem nesse novo padrão. A modificação positiva ocorre quando essas células que estão impregnadas de padrões negativos morrem, dando espaço a novas células vitalizadas e potencializadas.

Esse processo normalmente varia de uma pessoa para outra. Principalmente levando em conta que cada um tem sua história de vida e suas experiências pessoais. Em outras palavras, depende muito do nível de profundidade da doença do ponto de vista emocional (traumas), e também da motivação que o indivíduo tem em melhorar e se curar. Se a Fitoenergética for bem aplicada, é normal obtermos resultados satisfatórios em poucos dias. Os resultados muito significativos de remoção de aspectos negativos (como medo, raiva, ódio, desgosto, depressão, tristeza, entre outros) podem ser obtidos de três a trezentos dias, dependendo do interesse do usuário em aceitar a cura energética. Considere que a aplicação segue ininterrupta por todo o período.

Reações possíveis no uso da Fitoenergética

Quando uma pessoa faz uso da Fitoenergética, imediatamente após a aplicação ocorrem efeitos no campo de energia. O suprimento energético que os vegetais fornecem ao campo de energia humana é capaz de causar algumas alterações nos estados físico, emocional, mental e espiritual. Quando isso ocorre, as células são acessadas, processando a cura celular, já mencionada anteriormente. O movimento gerado é capaz de causar várias reações no indivíduo. Entre elas, catarses de choro ou riso, desarranjos intestinais, sonolência, excesso de atividade, agonia interna, sonhos reveladores, *insights* de cenas do passado, sensibilidade emocional excessiva, alterações no odor do suor, hálito, entre outras. Em geral, é normal observar uma atividade mais acelerada dos mecanismos de secreção do organismo. Contudo, é importante salientar que quase 100% das pessoas que fazem uso da Fitoenergética, seguindo à risca as instruções do tratamento, não apresentam qualquer alteração, o que é mais frequente é uma sensação de bem-estar, leveza, paz ou tranquilidade.

Quando ocorrem essas alterações, o tempo de duração é normalmente inferior a três dias. Nesse período é recomendada a ingestão de bastante água, procurando relaxar e descansar o máximo possível. A experiência na prática da Fitoenergética tem mostrado que a maioria das pessoas tem desfrutado de um pleno estado de paz e alegria interna durante e após esse período.

Tudo isso ocorre quando o indivíduo busca a cura energética profunda. Nesse processo, as informações de traumas, tristezas e aspectos negativos já vividos são acessadas e é o que pode gerar breves desconfortos, já que, literalmente, a "ferida é cutucada". A grande vantagem disso tudo é que, quando ocorre, os resultados obtidos são verdadeiramente positivos e muito expressivos.

A Fitoenergética sutilizando frequências

A Fitoenergética baseia-se no uso da energia vital contida em uma planta, que pode ser transferida a qualquer outro ser vivo com uma dose de energia natural, capaz de elevar e sutilizar a frequência energética de quem a recebe. Proporciona um abastecimento na aura, estimulando a alteração do padrão vibratório da energia geral para uma frequência acelerada e sutil, que remove bloqueios, desobstrui os plexos energéticos e purifica a vibração.

A purificação da aura estimula a expansão da consciência (expansão da aura), que acontece suave e confortavelmente. O campo de energia estimulado com certa periodicidade vai mantendo-se permanentemente em alta frequência, o que expulsa e previne a ocorrência de doenças, cria uma visão bem consciente do todo e gera paz interior capaz de promover no indivíduo um estado de plenitude e alegria interior. Isso é raramente visto nos dias de hoje, ou seja, uma sensação de autorrealização plena. Daí a importância em utilizar esse sistema natural com assiduidade.

O padrão da energia negativa emanada pelos seres tende a se impregnar em nossa atmosfera, nos ambientes abertos, fechados, nos objetos, móveis, utensílios e em tudo o que é matéria ou energia. Para facilitar a compreensão, procure imaginar um aroma gerado na preparação de um prato qualquer na cozinha. Imagine que essa comida queima e aquele cheiro característico se expande por todos os cantos de sua casa, tornando o ambiente desagradável. É comum, nesses casos, abrirmos janelas, portas, ligarmos exaustores e ventiladores para dissipar o odor desagradável. Nesse exemplo podemos fazer uma comparação com a Fitoenergética.

A Fitoenergética atua de forma semelhante à ventilação, pois também dissipa os aspectos indesejáveis e restabelece a harmonia. Por isso o convívio diário com a energia das plantas é muito benéfico e faz a diferença quando falamos de qualidade de vida.

Muitas vezes estamos calmos, equilibrados, mas o ambiente à nossa volta, os móveis, a comida que ingerimos e muitas outras coisas estão impregnadas de energias densas. Se a Fitoenergética for usada abundantemente, poderá transformar e transmutar essas energias densas, além de impregnar nos objetos, móveis, automóveis, alimentos, ambientes, corpo mental, emocional e espiritual a energia vital e positiva contida nas plantas. Isso expressa uma nova energia geral, capaz de criar uma qualidade de vida realmente diferenciada, mostrando que o uso abundante da técnica só traz benefícios. Por isso vai aí uma boa dica: use e abuse dessa energia presente nas plantas, vale a pena, os resultados irão surpreender você, fazendo uma incrível diferença em sua vida.

CAPÍTULO 4

A Fitoalquimia

COMO ATIVAR O PODER OCULTO DAS PLANTAS

Há quem diga que, em um passado muito distante, as plantas nos forneciam abundantemente um padrão de energia muito mais intenso e sutil do que nos dias de hoje. O campo de energia das plantas era tão exuberante que podia ser visualizado por qualquer pessoa. Um envoltório luminoso era notado. Com o passar dos tempos e o mau uso dos recursos da natureza por parte dos homens, essa força começou a desaparecer. Isso porque sempre exploramos, devastamos e destruímos o reino vegetal sem piedade. Sem escrúpulo e sem consciência, muitos utilizaram essa vibração para fins equivocados e até malignos. Não demorou e a exuberante energia começou a desaparecer, estimulada pela nossa ignorância e falta de respeito.

Muito tempo passou e aquela exuberância do espírito das plantas jamais voltou, por se sentir acuada e incompreendida. No entanto, essa força nunca nos deixou, apenas se recolheu aos olhos do leigo, do materialista e ignorante das verdades espirituais. Qualquer pessoa pode ter acesso ao espírito das plantas desde que se sinta agradecida e principalmente se conscientize de sua missão espiritual no planeta Terra. Em suma, quando o estudante da Fitoenergética começa a se conscientizar da missão das plantas, naturalmente vai aprendendo a acessar essa vibração irradiante e amorosa, não precisando necessariamente aplicar técnicas mirabolantes.

Na prática, cada vegetal, assim como as ondas de rádio, possui uma frequência própria, natural de sintonia. Quando um vegetal é colhido, imediatamente começa a perder energia vital, porém, sua frequência será sempre a mesma. É como uma frequência do rádio que está sintonizada, quando o vegetal é colhido, o volume está no máximo, mas com o passar do tempo vai diminuindo, só que a estação, ou frequência, não foi alterada, e se o volume for aumentado, vai se perceber que a frequência é a mesma. Em resumo, o tipo de planta ou espécie dita a frequência, a energia vital dita o volume.

É natural a compra de chás em sachê, também o armazenamento de folhas de vegetais desidratados. Para a aplicação correta da Fitoenergética, é recomendável utilizar uma validade máxima de seis meses para estocagens. Não é uma regra obrigatória, no entanto tem se mostrado uma boa prática.

Resultados obtidos em tratamentos realizados com vegetais muito velhos mostraram-se pouco eficazes, pois as plantas começaram a perder suas identidades, e as frequências começaram a ser degradadas. Para retardar esse processo, é importante energizar os vegetais previamente e também no momento da preparação do composto, fazendo com que níveis muito elevados de vitalidade sejam alcançados, o que potencializará substancialmente os efeitos. Por isso, as técnicas apresentadas a seguir são de fundamental importância para o nível de energia do composto. Quanto melhor for o emprego das técnicas para potencializá-los, melhor será o resultado obtido.

Quando se manipula um vegetal, tanto um agricultor, o operário de uma agroindústria, um comerciante ou até mesmo uma pessoa que colhe do seu jardim, traz consigo em seus campos energéticos o universo de suas emoções e pensamentos, que nem sempre é positivo.

Esses campos energéticos negativos normalmente são criados em qualquer ambiente em que o vegetal possa ter contato. Como essas frequências negativas são facilmente captadas pelos vegetais, alguns cuidados essenciais devem ser tomados. Essas influências desqualificadas podem tornar a potencialidade das plantas praticamente nula, considerando que seus campos energéticos tornam-se inativos ou até mesmo nocivos.

É importante relembrar que o efeito da Fitoenergética só será notado quando forem tomados cuidados essenciais quanto à energia dos vegetais. Se não forem potencializados ou ativados, a capacidade de atuar na alma ou na cura profunda não será percebida. Para que o vegetal possa atuar plenamente em sua função Fitoenergética, é necessário evitar a invasão de energias não qualificadas. É vital certificar-se que a planta esteja livre dessas interferências, o que garantirá a ativação do seu verdadeiro poder curativo.

O usuário da Fitoenergética nunca poderá abrir mão dos cuidados essenciais, como a limpeza e a potencialização energética dos vegetais, contudo, é importante esclarecer que existem muitas maneiras capazes de despertar o verdadeiro poder curativo de cada planta. Essa força oculta precisa de uma senha para ser ativada: o amor.

Esse sentimento pode ser produzido em uma oração sincera, também na expressão do respeito ou da gratidão. A experiência com a Fitoenergética tem mostrado resultados incríveis quando quem prepara os compostos, ou os tratamentos, mesmo sem aplicar técnicas específicas, simplesmente expressa sentimentos verdadeiros de amor, respeito e gratidão pelo reino vegetal. Os corações mais humildes e respeitosos já possuem sabedoria suficiente para compreender que as plantas são emissárias celestes que merecem todo o nosso agradecimento e admiração. Esse estado de espírito é mais do que suficiente para estimular que o Reino Vegetal nos proporcione as bênçãos das quais são capazes.

Abaixo algumas sugestões de técnicas para limpeza e proteção energética. Faça primeiro a limpeza, depois a potencialização. Não há problemas em fazer as duas etapas simultaneamente.

Limpeza energética dos vegetais

Alguns exemplos que individualmente ou associados têm mostrado excelentes resultados:

– Fazer preces pedindo que as forças da natureza neutralizem qualquer energia desqualificada ou intrusa que não seja do vegetal;

– Movimentar as mãos, sem contato, em movimentos circulares anti-horário sobre os vegetais, de 2 a 3 minutos;

– Imaginar uma neblina de coloração violeta penetrando por todas as células do vegetal, limpando e transmutando toda energia densa e desqualificada;

– Colocar sobre o vegetal cristais específicos (turmalina negra, ametista, quartzo branco e outros);

– Impor as mãos de 2 a 3 minutos, no caso das técnicas de energização como Reiki, Passes, Cura Prânica etc.;

– Usar de técnicas radiestésicas apropriadas;

– Usar outras formas intuídas.

Potencialização, técnicas para aumentar a energia dos vegetais

Esse processo objetiva potencializar a força curativa natural do vegetal. Deve ser feito após a limpeza energética, pois é nesse momento que os vegetais estão preparados para ancorar no campo de energia mais potencialidade.

Entretanto, quando o vegetal é cultivado, beneficiado e comercializado em atmosfera de amor, compaixão, tolerância e boas intenções, é possível também agregar em sua estrutura sutil partículas carregadas positivamente que geram mais potencialidade aos seus efeitos.

Alguns exemplos que individualmente ou associados têm mostrado excelentes resultados:

– Fazer preces pedindo para as forças da natureza que potencializem a energia do vegetal. Manifestar profundo amor e respeito pela natureza e pedir com toda intenção que o poder curativo do vegetal seja despertado;

– Movimentar as mãos, sem contato, em movimentos circulares, no sentido horário sobre os vegetais, de 2 a 3 minutos;

– Imaginar uma neblina de coloração verde, seguida de prata, penetrando por todas as células do vegetal. Manter a visualização da energia verde e prata, como se pulsasse uma depois da outra ciclicamente;

– Colocar sob o vegetal cristais específicos (quartzo branco, quartzo rosa, quartzo verde e ametista são sempre adequados), pirâmides, entre outros;

– Impor as mãos de 2 a 3 minutos, no caso das técnicas de energização como Reiki, Passes, Cura Prânica etc.;

– Usar técnicas radiestésicas apropriadas;

– No caso de aplicações locais com uso externo, sempre friccionar a pele, fazendo movimentos circulares em sentido horário;

– Chá de saquinho; suspenda-o da xícara após a infusão. Girar o saquinho em sentindo horário sobre a xícara por alguns segundos. Estudos feitos com a radiestesia mostram que o chá aumenta a sua energia em aproximadamente 30% quando utilizada essa técnica. O movimento deve ser em sentido horário;

– Imaginar cores (de acordo com a intuição) movimentando-se com vida no composto. Essas cores com propriedades curativas, no momento do uso, atuam diretamente sobre a área afetada;

– Utilizar os preparados vegetais, mentalizando a intenção que se deseja;

– Entoar mantras ou palavras de poder;

– Mentalizar mensagens de fé, otimismo e força no momento da preparação, aplicação ou ingestão.

INVOCAÇÕES E MENTALIZAÇÕES NO MOMENTO DA PREPARAÇÃO

O momento após a limpeza energética é muito especial pela capacidade de ancorar todas as energias positivas que fluem no local e na mente da pessoa que está em contato direto com a energia sutil das plantas. Essa prática pode ser utilizada tanto por quem prepara quanto por quem utiliza os compostos que, na maioria das vezes, não é a mesma pessoa.

Preparar e aplicar um composto e ao mesmo tempo falar uma frase positiva, mentalizar mensagens de fé, otimismo e força, gera efeitos muito intensos e transformadores.

Veja alguns exemplos:

– Eu abri meu canal de cura;

– Que a força e o poder ilimitado da natureza me mostrem o caminho certo e que me inundem de luz e amor;

– Que se abram os caminhos de luz e prosperidade em tudo que eu tocar;

– Sou luz e posso vencer e superar meus desafios;

– Outras mensagens intuídas.

TÉCNICA ESPECIAL DE INICIAÇÃO DOS VEGETAIS

A iniciação dos vegetais é um processo de ativação (potencialização energética) dos mesmos, com um toque espiritual muito especial, que é uma condição abençoada que deve ser criada internamente pela pessoa.

Esse processo ativa a energia divina existente em cada planta, estando ela fresca, desidratada ou de qualquer forma. Cria um campo vibracional muito qualificado na planta, que passa a ancorar mais energia vital, e consequentemente torna qualquer tratamento "mágico", o que, nesse caso, quer dizer: "*cheio de bênçãos divinas*".

– Procure um lugar silencioso para se sentar;

– Coloque os vegetais que serão iniciados, todos juntos, sobre uma mesa ou algo similar;

– Reze, medite, relaxe;

– Limpe e proteja energeticamente a sala ou local que você vai utilizar para iniciar os vegetais;

– Invoque a presença dos seres de luz em que você acredita e confia;

– Mentalmente diga: Eu desejo entrar em sintonia com todos os Devas (Divindades da natureza);

– Expresse com seu coração toda a gratidão que você tem pelas plantas. Diga o quanto você agradece às plantas pela função divina de ajudar a humanidade;

– Mentalmente imagine, sinta que do seu chacra frontal sai uma linda luz prata. Simultaneamente, uma luz verde sai do seu chacra cardíaco e ambas envolvem e interpenetram os vegetais;

– Mantenha a mentalização com a energia de luzes verde e prata pulsando, intercalando entre uma e outra, ou seja, mentalize que pulsa verde seguido de prata em uma frequência contínua, como a frequência cardíaca. Quando sentir que essa pulsação se estabeleceu, agradeça;

– Sinta, acredite, imagine que essas duas luzes ativam todo o poder curativo das plantas, então, mental ou verbalmente, diga: "Ativar OM";

– Respire fundo, agradeça por tudo que ocorreu;

Você pode usar imediatamente esses vegetais, ou, se quiser, também poderá armazenar para uso posterior. Com a iniciação, a validade da potencialização é de até seis meses, isso se estocadas de maneira correta, longe de fontes geradoras de energias nocivas. Essa iniciação também pode ser usada para vitalizar vegetais que estejam plantados em jardins e vasos.

Poderemos utilizar nos compostos Fitoenergéticos vegetais tanto frescos como desidratados. Os beneficiados em indústrias, tais como os chás em sachê, também possuem as propriedades energéticas, mas precisam ser limpos e potencializados (conforme descrito anteriormente) com maior dedicação. É comum realizar a limpeza e potencialização energética em uma grande quantidade de vegetais de uma só vez, para que possam ser armazenados e estejam prontos para uso. Lembre-se que você pode aplicar essas técnicas em quaisquer vegetais, mesmo aqueles que não estão mencionados nas tabelas deste trabalho. Os resultados serão muito benéficos, considerando a maior potencialidade da vibração energética que os vegetais fornecem. Um exemplo são as saladas e as frutas que consumimos diariamente.

Comprovação do efeito da limpeza e potencialização dos vegetais

A radiestesia é uma ciência que estuda a sensibilidade aos raios, vibrações e ondas. Através do uso de instrumentos especiais como pêndulos, forquilhas, varetas e outros, o radiestesista pode captar as vibrações da energia dos mais diversos tipos de materiais. Esta ciência é muito utilizada para geologia, mineralogia, arqueologia, investigações policiais, localização de veios d'água, equilíbrio energético de ambientes, na agricultura, entre outros. É também muito empregada em diversas técnicas de terapias alternativas como florais, homeopatia, fitoterapia, cromoterapia etc.

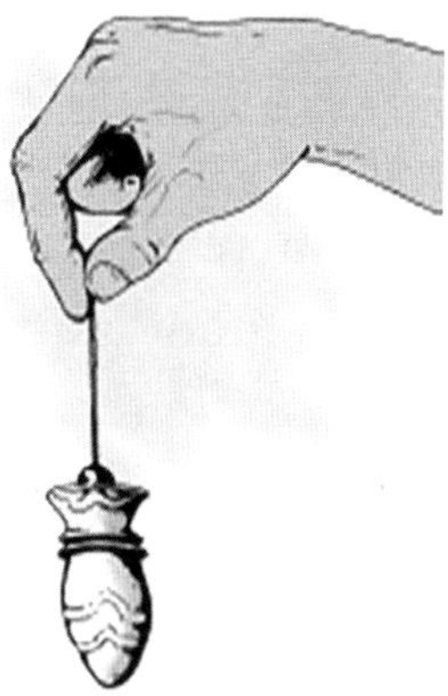

Pêndulos são instrumentos da radiestesia

Neste estudo sobre a Fitoenergética, a radiestesia é de grande utilidade. Através dessa técnica, é possível medir a intensidade da vibração energética dos vegetais, como o nível de energia vital contido em uma planta. Para esse trabalho, foi desenvolvida uma escala específica de medida, onde estão relacionadas a intensidade e a frequência da vibração de um vegetal. O objetivo maior desta avaliação é comprovar as diferenças que ocorrem entre os vegetais antes e depois dos processos de limpeza e potencialização. Isso demonstra a fundamental importância para o efeito final do preparado fitoenergético.

A tabela a seguir demonstra um estudo realizado com alguns vegetais antes e depois do processo de limpeza e potencialização com as técnicas sugeridas anteriormente.

Os casos em que os vegetais não geram efeitos eficazes estão relacionados ao baixo nível de energia contido nas plantas. É a confirmação de que seu poder curativo está nulo, ou seja, não foi ativado. Quando o vegetal não é potencializado, os efeitos tendem a ser superficiais. Todas essas inconveniências são facilmente evitadas, bastando utilizar as técnicas sugeridas neste livro ou outras que você conheça, desde que tenham como propósito elevar ao máximo o nível de energia do vegetal. É aí que está a chave da cura e do equilíbrio.

Vegetal	**Nível de Energia Antes de Limpar e Potencializar**	**Nível de Energia Após Limpar e Potencializar**	**Aumento do Nível de energia**
Camomila	25	37	48%
Maçã	28	47	68%
Alecrim	33	45	36%
Boldo do Chile	21	33	57%
Calêndula	39	60	54%
Malva	31	56	81%
Pariparoba	8	13	63%

A Fitoalquimia

Os vegetais são poderosos veículos que conduzem a energia vital e mental aos destinos necessários, seja no homem, nos animais, plantas, ambientes etc.

A energia vital e mental (intenções) impregna-se nos vegetais com extrema facilidade e velocidade. A partir dessa impregnação (o que chamamos de memorização), a união da frequência energética da planta, somada à energia vital e mental, produzem um gerador de alta frequência. Uma simples planta passa a ser um remédio energético poderoso, ou seja, trata diretamente a alma. Chamamos de Fitoalquimia essa combinação que une a planta e a energia para produzir algo diferenciado, sutil e poderoso ao mesmo tempo.

Uma questão que merece reflexão é o fato de que qualquer coisa, seja água, roupa ou alimento a que se aplique energia vital, ou intenção positiva, produzirá resultados curativos ou benéficos. No entanto, as plantas possuem vibração própria e específica, atuam em determinadas frequências de vibrações bem definidas, ou seja, cada planta possui uma identidade energética. A aplicação ou exposição de energia sobre as plantas cria uma condição única de alcance na alma, nos corpos energéticos e nos registros akhásicos dos seres. Essa profundidade de atuação se dá devido à ativação energética da planta. A Fitoalquimia é o alicerce mais importante da Fitoenergética, pois sem ela os tratamentos e compostos vegetais têm alcance muito reduzidos o que impede a cura das doenças da alma.

Fitoalquimia é:

– A intenção do pensamento no preparo das plantas e também no momento do uso ou da aplicação do tratamento;

– A correta utilização com o número de dias, dosagens, periodicidade, corretamente determinados;

– A energização das plantas usando cristais, pirâmides, cores, imposição de mãos, radiestesia, entre outras técnicas;

– O princípio da potencialização energética dos vegetais para usos diversos, que necessitem acessar a essência energética de cada ser (alma);

– União de técnicas associadas que buscam aflorar e aumentar o poder curativo de cada planta individualmente e que, combinadas em compostos, somaram seus potenciais tornando-os ainda mais intensos;

– O uso das plantas certas, para as faixas de frequência mais indicadas, ou seja, a condução da energia da planta correta para o endereço ao qual ela pode ser útil.

Entenda que uma planta que não foi potencializada é como um diamante bruto: bonito, valioso, no entanto, rudimentar. A Fitoalquimia lapida esse diamante para que fique valioso, exuberante, brilhante e que aflore todo o seu potencial escondido.

Ação sem Fitoalquimia

Compostos de vegetais sem energização	=	Resultado: tratamento apenas para o corpo físico. Apenas onde a doença se manifesta.

Ação da Fitoalquimia

Compostos de vegetais	+	Energização e Intenção	=	Resultado: tratamento fitoenergético para a origem das doenças, atinge a alma.

CAPÍTULO 5

Fitoenergética e vidas passadas

A ALMA IMORTAL

Para entender a natureza da reencarnação na existência humana, precisamos compreender que inegavelmente o mundo, o universo caminha sempre para a frente, assim como a correnteza do rio, que flui, sempre em um único sentido.

Nossa causa maior é a evolução. Mesmo com tantos problemas e conflitos, esse progresso se dá na humanidade, dia após dia, ano após ano. É algo incontestável, basta olharmos para a história da vida no Planeta e constatarmos, através de inúmeras formas, que a evolução nunca parou, independente da vontade dos homens. Contudo, seria impossível que essa evolução necessária para humanidade se processasse no tempo limitado de uma só existência. Em uma só vida haveria condições de se corrigir todas as nossas falhas de caráter?

Em uma só experiência será que poderíamos dizimar de vez o medo de nossas almas? Ou a raiva?

Em uma só encarnação seria possível compreender a miséria ou a riqueza? A alegria ou a tristeza?

Por que algumas pessoas têm histórias de vida cheias de conflitos, acontecimentos traumáticos e verdadeiras desgraças, enquanto que outras experimentam a riqueza material, acesso à cultura e condições privilegiadas desde o berço?

Deus seria tão injusto assim, ao ponto de cometer tais diferenças?

Se em uma vida a pessoa comete graves equívocos, não teria mais a oportunidade de consertar seus erros no futuro?

Aquele que mata, rouba e destrói, sai imune da vida, após a morte, mesmo cometendo tantas atrocidades?

É possível roubar, destratar, enganar, agredir, que quando a morte vem, simplesmente tudo acaba?

A visão equivocada das linhagens religiosas tradicionais do Ocidente entende a morte como o fim de nossas vidas, a perda irreversível de alguém. A cultura do feriado de finados, de ir ao cemitério levar flores aos entes queridos, é uma percepção distorcida baseada na crença de que o cemitério hospeda o morto em seu descanso eterno, ou que o local de seu enterro seja o portal de comunicação com ele. Essa é apenas uma amostragem que revela o nível de consciência que a maioria das pessoas tem acerca da morte. Algo alarmante.

Precisamos compreender que a alma é imortal, a vida uma escola, cada existência é um estágio, assim como cada ano no ensino tradicional também é. Tudo é cíclico. Voltamos para a dimensão física, vida após vida, sempre com o objetivo da purificação da personalidade inferior. Mas como a cultura ocidental impregnada na nossa consciência, caracterizada pela influência do equivocado dogma não reencarnacionista das religiões ocidentais, e de que a morte é uma desgraça, somos estimulados a sofrer por antecipação. Isso pela percepção que temos de que a morte é uma "perda".

E assim caminha grande parte da humanidade, iludida, equivocada da real função da morte, ou, melhor, da saída final da consciência do corpo físico.

Precisamos observar mais a natureza, aprender com os ciclos da vida e compreender definitivamente que a nossa alma é imortal. As características individuais do nosso modo de agir e de reagir são as tendências que já trazemos latentes conosco (não morrem) e que, no confronto com as situações da vida terrena, passam a manifestar-se. São modos de pensar, de sentir e de expressar-se que trazemos em nossos corpos energéticos, que nos caracterizam e que já nascem conosco. Nós não formamos uma personalidade, nós a revelamos. Somos um Ser de vários corpos, sendo o físico o único facilmente visível, por isso parece que apenas ele existe. Nossa meta é aprender a curar essa personalidade congênita e os vegetais podem muito bem contribuir nessa tarefa.

AS DOENÇAS DA PERSONALIDADE CONGÊNITA

É comum observar que muitas pessoas procuram a cura energética para problemas crônicos e que geralmente já tentaram de tudo e nenhum efeito animador foi obtido. É comum o relato de pessoas portadoras de alguma debilidade física, emocional, mental e até espiritual que por muitos anos, e até mesmo desde que nasceram, vêm buscando encontrar a cura, sem obter êxito.

O ser humano está encarnado neste planeta com o objetivo de seguir crescendo na escala da evolução, e assim o vem fazendo. O fato é que a alma é imortal, responsável por moldar o corpo físico a cada reencarnação.

A sétima camada do campo de energia é a parte mais espiritual do ser. É ali que reside a essência divina de cada indivíduo, e é nesse nível que estão armazenados os registros de vidas passadas.

A Psicoterapia Reencarnacionista, a terapia que lida com a alma imortal e a personalidade congênita, explica muito bem esses assuntos, e sem dúvida alguma constitui uma ferramenta potente para resolver questões ou encontrar respostas que realmente podem melhorar nossas vidas. O esclarecimento disso é importante para compreender que, muitas vezes, um problema físico, mental, emocional e até espiritual de hoje, tem origem no passado. Tanto nesta vida, quanto em vivências passadas.

Fisicamente, um padrão muito comum é encontrado. É o miasma – doenças, marcas, cicatrizes congênitas, ou até defeitos físicos –, que tem origem em vidas passadas, que às vezes se transforma em doenças crônicas na existência atual do indivíduo. Existem casos, por exemplo, em que numa vida passada a pessoa foi envenenada, e na atualidade sofreu e sofre grandes dificuldades com o estômago e a garganta. Outro exemplo é de uma pessoa que tinha dores de cabeça inexplicáveis por mais de vinte anos, e a origem era de uma vida anterior em que havia sido pisoteada até a morte por inimigos em uma briga.

Também existem traumas desta vida, que acabam transtornando a personalidade de um indivíduo. Um acidente de automóvel sofrido na infância, por exemplo, pode impossibilitar por muitos anos a pessoa adulta de ter coragem para dirigir. Muitos outros exemplos poderiam ser apresentados para explicar esse mecanismo de doença que ultrapassa barreiras de espaço e tempo. Esses aspectos estão presentes com frequência nos dias de hoje e jamais devem ser ignorados. Veja a seguir alguns exemplos que podem identificar problemas que tenham origem em um tempo passado ou vida atual:

– É sempre um desafio, em vários setores de sua vida;

– É considerado congênito;

– É um trauma sem explicação aparente;

– Manchas, cicatrizes ou defeitos físicos congênitos;

– Não existem razões lógicas para ocorrer;

– Causa pânico e uma sensação de paralisia interna;

– Envolve uma carga emocional excessiva, até desproporcional, quando o assunto está em questão.

ATUAÇÃO FITOENERGÉTICA EM DEBILIDADES COM ORIGEM EM TEMPOS PASSADOS

O ser humano possui em suas células registros denominados akhásicos, que também armazenam informações de vidas passadas, gravadas a "ferro e fogo" na estrutura celular. Isso equivale a dizer que a pessoa tem em seu padrão celular o registro de tudo que já viveu e ao que foi submetido. Além do mais, esses registros também armazenam informações de traumas da infância, da adolescência e os mais recentes. Quando a doença ou desequilíbrio tem origem em vidas passadas, é indispensável que o composto fitoenergético seja capaz de acessar esses registros. Se isso não ocorrer, a eficiência dos resultados pode ser pouco significativa...

A chave de ação nos registros de vidas passadas é utilizar alguns vegetais que tenham essa função específica. Dessa forma, vai conduzir energia ao objetivo que se destina, abrindo passagem para qualquer tempo ou dimensão, onde está a causa e a origem dos problemas atuais. Em resumo, o vegetal que atua nesses casos funciona como uma ponte de acesso à origem do problema que precisa ser sanado.

Essa classe de vegetais, chamada de condutores, tem a função de direcionar e conduzir a energia para o ponto específico, causador da dor, doença ou comportamento negativo. Essa propriedade torna o vegetal condutor indispensável no composto fitoenergético, para fazer com que a força curativa e vitalizadora chegue até a origem do problema, transcendendo barreiras de espaço e tempo. Contudo, é importante lembrar que a doença tem um papel fundamental na evangelização da alma humana. A enfermidade só existe pela necessidade que tem de ajudar a pessoa a evoluir, educar-se espiritualmente. Dessa forma, em muitos casos, faz-se necessário que a pessoa procure um Psicoterapeuta Reencarnacionista que lhe ajude nessa busca por reforma íntima.

Considero que existem ótimas escolas e terapeutas no Brasil preparados para oferecer essa terapia que lida com a reencarnação e as vidas passadas, no entanto, acho sensato evidenciar que o trabalho desenvolvido pela ABPR (Associação Brasileira de Psicoterapia Reencarnacionista) é digno de elogios, pela seriedade e conduta ética. Por isso, sugiro que você conheça um pouco mais o trabalho dessa escola e dos psicoterapeutas reencarnacionistas formados por ela. Para saber maiores informações, recomendo o site www.abpr.org.

Os vegetais que modificam padrões de comportamento

O indivíduo, em sua existência e caminhada, tende a repetir certos padrões de conduta e comportamento muitas vezes negativos. Na maioria dos casos, a pessoa não tem a consciência do comportamento, pois ocorre de modo natural em sua vida, já que está totalmente impregnado em sua personalidade congênita.

A vibração energética dos vegetais atua em padrões sutis da energia, gerando um processo de desprogramação que pode ser inconsciente ou consciente. Esse processo faz o indivíduo alterar essas repetições de padrões negativos de comportamentos e atitudes.

A memória energética vegetal é capaz de promover modificações no fluxo energético, contribuindo para uma redefinição de padrões. Essa atuação nos campos de energia mais sutis integra a personalidade e conecta o ser com a sua mais pura e qualificada essência. Assim, cria-se uma potencialidade capaz de gerar desbloqueios que transcendem alguns setores e dimensões, menos explorados e conhecidos, da energia.

O padrão de energia criado alinha a forma do campo energético que se configura de acordo com as propriedades fornecidas pelos vegetais usados. O resultado gera uma nova consciência e conduta, fornecendo ao indivíduo uma personalidade mais equilibrada e saudável, característica marcante das almas mais evoluídas e angelicais.

CAPÍTULO 6

Formas de uso

PREPARAÇÃO DOS COMPOSTOS VEGETAIS

A forma de preparar os compostos fitoenergéticos é muito simples, isso porque nesse sistema natural que usa a energia das plantas não há necessidade alguma de extrair o princípio ativo químico contido nelas.

Dessa forma, também não há necessidade de usar grandes quantidades de plantas, assim como usamos nas tradicionais preparações caseiras. A grande vantagem é que além de podermos utilizar vegetais de paladar pouco apurado, pelo fato de não serem extraídos quimicamente no preparado, não há praticamente riscos com o consumo de plantas que possuem restrições. Contudo, no momento da preparação, temos que tomar o cuidado para garantir que os vegetais não estejam mofados, preferencialmente lavando-os em água corrente antes do preparo. Ao passo que um chá tradicional da Fitoterapia requer uma quantidade de um pequeno punhado das plantas, o que equivale a uma ou duas colheres de sopa, na Fitoenergética poderíamos usar "migalhas" das plantas.

Um pequeno pedaço de uma também pequena folha já é suficiente para transferir a energia para o líquido aquoso, desde que todas as técnicas da Fitoalquimia sejam aplicadas. Um chá de infusão normal, por exemplo, apresenta cor de água levemente tingida, pelo fato de ser feito com pouquíssima quantidade de vegetais. Nada impede que a pessoa use maior concentração (desde que tenha atenção a qualquer restrição fitoterápica), no entanto, não há diferença no efeito fitoenergético.

FORMAS DE PREPARO

CHÁS

Use preferencialmente bule de louça, vidro ou esmaltado para aquecer a água. Jamais aqueça em forno microondas, porque tem a capacidade de anular os efeitos da Fitoenergia.

Nunca utilize folhas amareladas ou mofadas. Evite adoçar com açúcar refinado, o ideal é tomar sem adição de açúcar. Se assim não o puder, use do tipo mascavo ou mel de abelha. *Tome o chá logo após o preparo, pois em menos de duas horas ele perde suas propriedades energéticas.*

Os compostos via chá podem ser preparados das seguintes formas:

Infusão: Aqueça a água até ferver, apague o fogo e coloque os vegetais, abafe por 3 minutos, coe, potencialize e o chá estará pronto para ser consumido.

Infusão solar: Coloque os vegetais em água e deixe exposto em ambiente aberto no horário das 6h às 9h da manhã. Trata-se de um poderosíssimo concentrado energético. Tomar ou usar como spray, compressa etc. Lembre-se que, de acordo com a Fitoenergética, não precisamos extrair o princípio ativo químico, por isso essa forma de uso é muito eficiente.

Infusão a frio: Coloque a planta em água por três a cinco minutos e aplique as técnicas de potencialização. O líquido obtido pode ser utilizado para qualquer fim, é um poderosíssimo concentrado energético. Essa técnica é usada quando o gosto do vegetal não é apreciado, ou se o usuário não quer que tenha efeitos físicos, como exemplo o do chá de sene que pode soltar o intestino. A infusão a frio nesse caso produz apenas o efeito fitoenergético.

Como usar: *Tomar no mínimo meia xícara a cada uso. Sempre é recomendado para qualquer tratamento que os vegetais do composto possam ser ingeridos sem restrições.*

Banho

Faça um chá como quiser, por infusão, a frio ou normal. Durante o seu banho, passe o líquido sobre o corpo, principalmente sobre os pontos que precisam de energia. Após usar o preparado, fique pelo menos um minuto sem se enxaguar. Após esse tempo, pode continuar seu banho normal, sem que haja anulação dos efeitos.

Esse tipo de aplicação produz efeitos muito rápidos e intensos, no entanto requerem um pouco mais de dedicação, contudo, é muito comum a pessoa fazer um tratamento via banhos diários (por um tempo determinado de acordo com o caso) e apresentar efeitos positivos realmente transformadores.

Como usar: *Usar o chá preparado e derramar sobre a cabeça, o tórax, as costas e o canal da coluna. Nesse caso, recomenda-se no mínimo meio litro de chá e, após banhar-se, aguardar no mínimo um minuto para depois se lavar com água.*

Compressa

É feita com o chá (escolha qualquer tipo de infusão). Umedeça um pano com esse chá e aplique no local que se deseja tratar. É mais indicado quando o tratamento é focado para dores físicas ou doenças pontuais com manifestações corporais.

Como usar: *Molhar a compressa no chá e aplicar na região. Mais recomendado para casos de dores ou doenças pontuais no corpo físico, age rapidamente.*

Inalação

As ervas são preparadas como um chá. Depois de pronto (feito em recipiente tampado), desligue o fogo, destampe o recipiente e após alguns minutos faça inalação por no mínimo três minutos. Mesmo sem passar no corpo ou sem ingerir, é um eficiente método, porque o vapor atua instantaneamente no campo de energia. Não é necessário que o chá esteja fervendo nem que haja muita aproximação do recipiente para inalar o vapor.

Indicado para pessoas que não gostam de ingerir chás. Também muito adequado para dissipar a energia do composto pelo ambiente, porque, além de atuar na pessoa, age sobre o espaço físico, gerando agradável sensação.

Como usar: *Inalar o vapor do chá por aproximadamente cinco minutos a cada uso. Necessita que o chá esteja bem quente para desprender vapores. Não requer que o chá seja ingerido. Não é necessário aproximar muito o rosto do chá, faça-o suavemente.*

Vaporização

Aqueça a água com o vegetal até a fervura em recipiente tampado. É uma forma de uso muito indicada para aplicar a Fitoenergética nos ambientes em geral. Gera efeitos imediatos.

Como usar: *Faça aproximadamente meio litro de chá normal. Depois de desligar o fogo, destampe o recipiente e deixe o vapor se espalhar, levando o recipiente aos ambientes que deseja. Por onde você passar com o chá, o vapor desprendido emanará pelo local uma agradável sensação.*

SACHÊ

É um tipo de uso que facilita muito as coisas para as pessoas que não conseguem achar em suas rotinas tempo para preparação de chás ou banhos.

Atuam como amuletos ou elementos energizantes. Se você quiser usar apenas como amuletos para os ambientes ou veículos, independente de um tratamento, os vegetais do saquinho devem ser trocados a cada três dias.

Como usar: *A mesma quantidade das plantas que você utilizaria para fazer um chá deve ser colocada em um pequeno saquinho de tecido. Os sachês são utilizados em bolsos de roupas, fronhas de travesseiros, sob colchões, em gavetas, armários, dentro de carros, entre outros.*

Quando um tratamento pede que você tome um chá duas vezes por dia, trazendo essa realidade para a aplicação do sachê, você deve fazer um por dia. Se o tratamento recomendar sete dias, por exemplo, então serão sete sachês, um a cada dia. Não "desgrude" do seu sachê no período do tratamento. Os vegetais usados no sachê, após o dia de uso, deverão ser descartados.

SOPAS OU CALDOS ALIMENTARES

Um ou mais vegetais cozidos em água e temperados a gosto são normalmente alimentos saudáveis e vitalizantes. Nesse caso, se utilizam legumes e verduras. Porém, podem ser adicionados de ervas mencionadas nas tabelas a seguir para adquirir energia e vibração positivas. Como não são muito flexíveis a tratamentos de 14 dias, por exemplo, são mais difíceis de usar. Nesse caso, fica a recomendação que, quando a pessoa for se alimentar com um caldo ou sopa, que desenvolva o hábito de incluir temperos de vegetais potencializados.

Como usar: *Inclua os vegetais de acordo com a necessidade do tratamento em pequenas quantidades. Dê preferência apenas às plantas que podem ser ingeridas.*

Sucos

É a mistura de um ou mais vegetais, triturados ou espremidos, com água e adoçante (açúcar, mel, estévia ou adoçantes artificiais). Também podem ser empregadas frutas, pelo seu sabor e aroma apreciados. Plantas mencionadas no tratamento podem ser incluídas na preparação que agregarão a energia que se deseja.

Como usar: *Recomenda-se fazer um suco com os vegetais indicados, mas o preparo deve ser apenas no momento de usar, não guardar em geladeira. No mínimo 150ml por uso.*

Sprays

Faça um chá da planta por infusão normal, solar ou a frio. Em seguida, coloque em um borrifador e aplique em volta do corpo, nas roupas, sobre a cama, nos ambientes e até sobre animais e plantas. Use um pequeno punhado dos vegetais para cada litro de água. A validade dessa preparação é de duas horas. É uma potente forma de utilizar a vibração das plantas, já que atua diretamente na energia sutil dos ambientes e seres vivos. Produz resultados rápidos e agradáveis nos tratamentos, com simplicidade e sem riscos de efeitos adversos de plantas com restrições.

Independente dos tratamentos, você pode adquirir o hábito de preparar todos os dias sprays para harmonizar seu lar, trabalho etc., bem como empregá-lo na prática da meditação para aumentar a sua conexão. É sem dúvida uma das formas mais usadas, graças a sua eficiência, simplicidade e flexibilidade.

Como usar: *Borrifar várias vezes a uma altura aproximada de 50cm acima da cabeça a cada uso. No caso de ambientes e objetos, borrife sobre a cabeça aleatoriamente.*

SALADAS

Trata-se da preparação tradicional de qualquer tipo de salada de vegetais, aplicando-se as técnicas contidas neste livro.

Como usar: *Empregar o uso do tratamento feito apenas de vegetais condimentares. Da mistura dessas plantas, adicionar uma pitada sobre a salada a cada uso.*

TEMPEROS

É uma das formas que a cada dia surpreende mais pelos resultados e praticidade. A única restrição é que, nesse caso, devemos escolher plantas preferencialmente utilizadas na alimentação, como exemplo: coentro, manjerona, manjericão, alecrim, hortelã, alho-poró, sálvia, erva-doce etc.

Determine os vegetais que serão usados no tratamento. Escolha-os preferencialmente por seu uso como condimento. Pique, manualmente (se preferir faça com ajuda de uma faca), todos os vegetais que serão utilizados. Misture-os com sal fino, preferencialmente do tipo marinho. Guarde em um recipiente e utilize a gosto na sua alimentação diária, respeitando a recomendação do tratamento.

Mesmo que você não esteja fazendo um tratamento específico, inclua essa prática na sua vida, prepare seus temperos energéticos. Os resultados na fisiologia em geral são maravilhosos.

Como usar: *Adicionar uma pitada do tempero na refeição a cada aplicação.*

NOTA: Em todos os casos, antes de utilizar o vegetal, consulte sobre possíveis efeitos colaterais e informações toxicológicas. Se optar por ingestão de chás por infusão normal, mulheres grávidas ou lactantes devem redobrar a atenção e solicitar orientação médica. Em caso de dúvidas, utilize as aplicações externas como banhos, sachês, sprays ou infusão a frio.

De maneira geral, a utilização de vegetais deve ser feita de forma complementar à medicina farmacológica. Jamais interrompa orientações médicas ou substitua remédios convencionais por preparados vegetais sem a prévia consulta ao médico. Lembre-se que é a união das diferentes medicinas que poderá produzir efeitos profundos.

Todas as formas de preparo mostradas precisam ser potencializadas de acordo com os preceitos desse livro (Fitoalquimia).

CAPÍTULO 7

Cuidados especiais e dosagem

DOSAGEM GERAL DOS TRATAMENTOS

Tipo 1 – Emergência

Quando usar: casos urgentes; síndromes; crises agudas; tendências suicidas.

Dosagem: 3 dias, uso 3 vezes ao dia, com intervalo mínimo de 4 horas entre as aplicações.

Tipo 2 – Tradicional

Quando usar: para todos os casos; uso sempre que possa haver dúvidas; preventivo; problemas na iminência de ocorrer; para pessoas saudáveis.

Dosagem: 7 dias, uso 2 vezes ao dia, com intervalo mínimo de 4 horas entre as aplicações.

TIPO 3 – DOENÇAS

Quando usar: problema de longa data, tanto um comportamento negativo quanto uma doença física; casos que se repetem ciclicamente; problema que já está manifestado no físico; mental e emocional muito precários.

Dosagem: 14 dias, uso 2 vezes ao dia, com intervalo mínimo de 4 horas entre as aplicações.

POLARIDADE DOS TRATAMENTOS

O equilíbrio das polaridades dos vegetais que serão utilizados nos compostos é de fundamental importância. Se uma fórmula fitoenergética estiver desbalanceada quanto à polaridade das plantas, poderão surgir efeitos adversos como crises de choro, riso, oscilação no humor, introspecção, muito ou pouco sono, excesso de empolgação, ansiedade ou total desmotivação etc. Em suma, é sempre um efeito desequilibrado que pode levar a pessoa para um ou outro extremo nas emoções, e todos sabemos que esse não é o objetivo da terapêutica. Quanto mais o usuário da Fitoenergética se dedicar a esses detalhes, maior será a intensidade do tratamento, a rapidez e a eficiência.

Todos os vegetais foram classificados em *yin(-)* ou *yang(+)*, o que torna fácil o processo de equilibrar as polaridades de um tratamento.

A recomendação geral é que a pessoa não deva jamais preparar um composto com vegetais de uma polaridade apenas. Isso pode resultar nessas reações adversas citadas.

O cuidado com a polaridade do composto torna o tratamento um equilibrador de todos os aspectos, lembrando que, em todos os casos, o verdadeiro sentido da cura é gerar equilíbrio.

Escolha os vegetais do tratamento e anote o número de vegetais yin e número de vegetais yang. A seguir, divida o que tem menor quantidade pelo que tem maior. Exemplo: se temos 4 yin e 2 yang, então será 2 dividido por 4.

Para garantir que a polaridade estará em equilíbrio, o valor mínimo aceitável dessa divisão é 0,4. Portanto, todos os compostos que apresentarem cálculo da polaridade igual ou maior que 0,4 estão em equilíbrio. Todos os compostos que apresentarem resultado menor que 0,4 estão desequilibrados.

Quando você encontrar casos de valores inferiores a 0,4, não desmonte o tratamento inteiro, apenas procure substituir um ou dois vegetais por outros de polaridade diferente. Refaça o cálculo até chegar a valores equilibrados. Veja abaixo exemplo prático para verificar a polaridade:

Fórmula para um caso de depressão com manifestação de dores nas costas:

Vegetais puros:
Camomila – yin
Guaco – yang

Carobinha – yang
Calêndula – yang

Vegetal nivelador escolhido:
Marmelo – yin

Vegetal condutor escolhido:
Manjericão – yang

Vegetal físico escolhido:
Uxi amarelo – yin

Polaridade do composto:
Número de yang = 4
Número de yin = 3

Polaridade de menor número / Polaridade de maior número

3/4 = 0,75

Dividindo o número de vegetais de mesma polaridade que tem menos, pelo que tem mais, o número não pode ser menor que 0,4, essa é a regra que garante equilíbrio na fórmula. Logo, a fórmula está em equilíbrio.

Capítulo 7

Continuidade dos tratamentos

No que tange à busca pela cura do corpo e da alma, a cultura ocidental é muito imediatista e superficial. Trazendo isso para a realidade da Fitoenergética, podemos dizer que, na maioria das vezes, as pessoas utilizam os tratamentos para remover somente os efeitos das doenças manifestadas no corpo físico. As atenções são voltadas, principalmente, para combater as dores ou os efeitos físicos inoportunos. Esquecemos que a doença nasce na alma, por isso é nela que deve ser concentrada a cura, isso porque muitas vezes a dor já passou, mas o desequilíbrio continua na aura, aguardando um novo momento para se manifestar outra vez.

Ocorre com frequência que, após o início dos tratamentos, as dores ou outras manifestações físicas apresentam melhoras substanciais, gerando a impressão que a cura se fez completamente. É difícil saber com precisão quando a cura da alma foi obtida, no entanto, consideramos que doenças que levaram muitas vezes décadas para se consolidar nem sempre podem ser curadas em apenas alguns dias. Esse período inicial mostra intensa melhoria no equilíbrio energético da pessoa, contudo, até que haja a desprogramação completa em todos os corpos, leva um pouco mais de tempo.

Por isso o alerta para a importância de dar continuidade aos tratamentos, mesmo que os efeitos físicos tenham sido eliminados por completo. É bom lembrar que o uso adequado da Fitoenergética gera efeitos preventivos poderosos, bem como estimula um aumento da consciência que é fantástico. Isso se traduz na prática como uma sabedoria interior, que cria condições para qualquer pessoa se conhecer melhor e evoluir mais rápido.

Definitivamente, os compostos fitoenergéticos devem ser usados continuamente, tanto para quem quer se curar de alguma doença quanto para quem quer evoluir, manter a saúde física, emocional e espiritual, sutilizando-se continuamente.

Veja abaixo o caso de um tratamento fitoenergético para ansiedade e dores de estômago. Foram feitos dois compostos que, para serem usados alternados, proporcionaram que a doença fosse profundamente tratada. O tratamento foi realizado por várias semanas, até que os efeitos profundos surgiram.

Exemplo:

Primeiro composto: tratamento de 14 dias, 2x ao dia

1) Capim-cidreira + Pariparoba + Erva-Doce + Cipó-mil-homens + Dente-de-Leão.

Após término dos 14 dias, fazer novo composto para os mesmos sintomas (ansiedade e dor de estômago):

2) Alfafa + Camomila + Picão + Graviola + Ipê-Roxo.

Após término dos 14 dias, repetir o primeiro:

3) Capim-cidreira + Pariparoba + Erva Doce + Cipó-mil-homens + Dente-de-leão (Repetição do 1).

Após mais 14 dias, repete o segundo:

4) Alfafa + Camomila + Picão + Graviola + Ipê-Roxo (Repetição do 2)

Essa é uma das muitas possibilidades que podem ser usadas com eficiência, trazendo ótimos resultados.

Após o término dos períodos de tratamento, com o aparecimento dos resultados desejados, é importante fazer nova análise na tabela chacras x causas de doenças. Leia atentamente para ver em quais aspectos você ou a pessoa tratada melhorou, e em quais ainda precisa evoluir. Monte novo tratamento e assim por diante.

Pessoas que usam continuamente a Fitoenergética, após alguns meses ou anos, manifestam mudanças impressionantes em todos os aspectos: físico, emocional, mental e espiritual.

Tratamentos para pessoas saudáveis

Os tratamentos para pessoas saudáveis aumentarão a consciência e a imunidade energética em todos os aspectos. Vão também melhorar todas as faculdades psicoespirituais da pessoa. Para isso, siga realizando tratamentos fitoenergéticos continuamente, tomando o cuidado de alterar a composição das plantas a cada semana. Isso é fácil, já que o usuário vai escolhendo os vegetais de acordo com a sua própria vontade, desde que respeite os métodos da técnica.

Nos casos de tratamentos para as doenças em geral, à medida que a pessoa vai utilizando o composto, ela vai percebendo os resultados e, com isso, o equilíbrio vai se instalando gradativamente. Em seguida, há revisão do composto em função dos resultados de curas.

No tratamento para pessoas saudáveis o foco não é a doença, mas sim a melhoria contínua e a expansão da consciência. Por isso, a escolha dos vegetais deve ser feita em função da tabela dos chacras, só que, nesse caso, os chacras escolhidos são os chacras que você quer despertar, ou expandir. Isso significa que os tratamentos vão ancorar na pessoa já saudável as funções características dos vegetais usados no composto, bem como ajudá-la a despertar a consciência de cada chacra para nossa tão almejada iluminação.

Infelizmente, a maioria das pessoas usa a energia das plantas apenas para se curar das mazelas do corpo e da alma, poucas a utilizam para a evolução e o despertar da consciência. Nosso equivocado foco é sempre a doença, ao passo que deveria ser a saúde.

Quando a pessoa compreende a Fitoenergética como uma aliada na jornada evolutiva, passa a utilizar seus benefícios na busca por estados de consciência cada vez mais elevados.

Após o uso adequado nos dias e quantidades especificadas, é necessário rever o composto, estabelecendo novas plantas, e assim sucessivamente, sem precipitações ou imediatismos.

PRINCÍPIO DA ELEVAÇÃO DE FREQUÊNCIA

É comum uma pessoa procurar ajuda na Fitoenergética, manifestando tantos desequilíbrios e bloqueios que fica difícil a recomendação de um composto adequado para o caso. Quando isso acontecer, você poderá usar este recurso.

O Princípio da Elevação da Frequência tem por objetivo aumentar a energia da pessoa de forma geral, nos três primeiros dias, para depois iniciar um tratamento coerente, direcionado para os aspectos de cura necessários. Isso quer dizer que, quando você montar um tratamento para uma pessoa com muitos bloqueios e desequilíbrios, a primeira fase do tratamento é estimular o aumento geral da energia e da consciência, o que é feito de forma simples, com os vegetais niveladores e condutores realizando um importante papel, pois são eles que mais atuam.

COMO FAZER

Monte um tratamento com um vegetal condutor e um nivelador. Adicione mais alguns vegetais que entender necessários, analisando as tabelas, e que você considerar que sejam bons para elevar a frequência dos pensamentos e emoções da pessoa. Nessa etapa, não se preocupe com os chacras que atuam, porque o objetivo é apenas uma elevação da energia em termos gerais.

Cuide para não colocar muitos tipos de vegetais (máximo 4), pois esse composto que não tem a finalidade de curar profundamente, apenas de elevar a frequência da pessoa.

Determine a forma de uso (chá, spray etc.) e aplique por três dias seguidos, três vezes ao dia. Após o término desse período, faça uma nova análise na tabela de chacras x causas de doenças para determinar os chacras em desequilíbrio, com isso estabelecendo o composto fitoenergético adequado. O Princípio de Elevação de Frequência deve ser usado somente nesses casos de manifestações de múltiplos desequilíbrios, usando somente uma vez, no início do tratamento.

Essa técnica não é obrigatória, mas, se aplicada, pode gerar os seguintes benefícios:

– Aumentar a eficiência do tratamento;

– Aumentar a velocidade dos resultados positivos;

– Trazer estado de paz e leveza mais rapidamente;

– Contribuir para que a pessoa tratada tenha um despertar e, com isso, participe mais ativamente do processo de cura;

– Facilitar uma análise mais detalhada das verdadeiras causas do problema, e com isso a correta escolha dos vegetais;

– Reduzir as chances de erro na escolha dos vegetais.

CAPÍTULO 8

O poder oculto das plantas

AS PROPRIEDADES FITOENERGÉTICAS DOS VEGETAIS

Muitas pessoas, quando ouvem falar da Fitoenergética, têm um pouco de dificuldade para compreender do que se trata, mas quando leem as propriedades específicas das plantas começam a compreender imediatamente.

A Fitoterapia conhece bastante sobre os benefícios dos vegetais no que tange aos seus princípios ativos químicos, que atuam sobre a fisiologia humana, desempenhando diferentes papéis. No entanto, é rara a existência de estudos que revelam o poder oculto das plantas, conhecido pelas sábias civilizações antigas, como os atlantes, por exemplo.

Outra constatação: não estamos acostumados a encontrar remédios para sentimentos ou emoções em desequilíbrio. Não há, na medicina alopática, comprimidos para o pessimismo ou desilusão, dor de amor ou medo da morte. O que tomar para saber se é a melhor decisão sobre aquela situação tão importante?

Você conhece algum remédio que o ajude a ser mais feliz, ou ter mais fé, ou esquecer-se do passado?

Se ainda não o conhece, precisa mergulhar na Fitoenergética e beneficiar-se dessas possibilidades que estão lhe sendo reveladas neste livro. Aproveite, pois de agora em diante você poderá desfrutar dessas propriedades incríveis. Mas, atenção! A senha para ativar essa força é o Amor, a Gratidão e a Consciência da missão do Reino Vegetal. Você está preparado(a)?

É importante esclarecer que cada vegetal possui suas características específicas e que atua em aspectos bem definidos que, quando trabalham em conjunto, desempenham efeitos rápidos e significativos.

A seguir, serão apresentadas as características fitoenergéticas de 117 plantas, entre elas ervas, flores, frutos, raízes e sementes. A escolha dessas espécies para o estudo aconteceu pela ocorrência e facilidade na obtenção, para proporcionar acesso a qualquer pessoa. Esse número bem expressivo de plantas avaliadas é para oferecer ao usuário da técnica maior opção e facilidade.

As características fitoenergéticas mais importantes estudadas neste livro são:

Caráter energético: É a classificação que diz qual a forma de atuação do vegetal, se ele é físico, nivelador, puro ou condutor.

Chacras em que atua preferencialmente: É a classificação que indica em quais chacras o vegetal atua preferencialmente.

Classificação yin/yang: Essa classificação do vegetal está ligada à sua polaridade, ou seja, se é yin ou yang. A teoria sobre yin e yang é muito extensa e normalmente está ligada aos opostos e à parcela de um existente no outro. Trazendo essa realidade para a Fitoenergética, os estudos mostraram que o equilíbrio da polaridade dos tratamentos é um ponto muito importante a ser cuidado. Por isso, no momento da preparação do tratamento, é necessário conhecer a polaridade dos vegetais envolvidos em um composto, controlando para que não existam desequilíbrios, que quer dizer excesso de yin (ausência de yang) ou excesso de yang (ausência de yin). Também foi observado que a característica da polaridade do vegetal é transferida para o indivíduo que o usa. Então, se você usar vegetais yang, características yang serão acrescidas no seu estado geral, se você usar vegetais yin, características yin serão somadas ao seu estado geral. Jamais faça um tratamento apenas com vegetais de um tipo de polaridade, o ideal é sempre o equilíbrio. Veja no capítulo 7 a regra para controlar a polaridade dos tratamentos.

Yang: é a energia masculina, o pai. Traz força e pensamento positivo; a sua presença torna o ser mais externo e evidente, é o consciente, a lógica, o "Eu", a personalidade, o ego, a atividade, a "batalha", a "luta", a liderança, a força para enfrentar, a ideia, a teoria, a energia, o calor, a fala.

Yin: é a energia feminina, a mãe, a intuição, o eu interior, o repouso e o relaxamento, a profundidade, a harmonia com a vida. Evita o perigo, é o inconsciente, o realista, o prático, o sentimento, o coração, a reflexão, o resguardado, o contido, o silêncio.

Nome científico e nome popular

Em diversas regiões do país, uma mesma planta pode ter vários nomes diferentes. A isso se dá o nome de sinonímia popular. Para evitar esse tipo de confusão no momento da obtenção para preparar os compostos, todas as plantas apresentam seus nomes científicos.

Nível de energia

Se voltarmos neste livro, recordaremos que o corpo físico é revestido de um campo de energia vibracional. Esse campo de energia, que pode ser chamado de vários nomes diferentes, apresenta diversas camadas com seus chacras correspondentes. Cada camada, junto com seu chacra, possui uma frequência que, quanto mais distante do corpo físico está, mais alta e sutil é a vibração (frequências mais elevadas). Para que um vegetal alcance essas vibrações mais sutis, sua frequência energética também deve ser elevada e compatível com o campo de energia e o chacra no qual se quer atuar. Por isso a importância dessa característica, afinal, ela determina em quais camadas atua o vegetal. Isso no campo de energia seria o mesmo que dizer "o endereço da doença". Assim sendo, foi criada uma escala de frequência para o nível de energia que vai de 10 a 80 e resume-se nos seguintes dados:

– Os vegetais de nível de energia inferior a 17 atuam mais no corpo físico.

– Os vegetais de nível de energia entre 17 e 45 atuam mais no campo emocional.

– Os vegetais de nível de energia entre 45 e 65 atuam mais no campo mental.

– Vegetais com nível de energia superior a 65 atuam diretamente no campo espiritual.

Função fitoenergética

Trata-se da função que os vegetais exercem sobre os seres, o que chamamos, carinhosamente, de poder oculto das plantas. São as características que o indivíduo tem estimuladas através da vibração dos vegetais que usa.

Restrições quanto à Fitoterapia

É importante lembrar que a Fitoenergética em quase nada se equivale à Fitoterapia. Na Fitoenergética, utilizamo-nos das propriedades energéticas das plantas. Na Fitoterapia, são extraídos os princípios ativos químicos.

Mesmo havendo essa diferenciação quanto à área de atuação dos vegetais, é importante lembrar que, sempre que a pessoa optar pela preparação com chás de infusões a quente, fazendo uso interno, ele poderá estar sujeito aos efeitos fitoterápicos que serão extraídos nesse tipo de preparação. Assim sendo, torna-se importante informar que alguns vegetais apresentam restrições de uso interno quando aplicados via ingestão. No entanto, sempre que o usuário da Fitoenergética optar pelo uso externo ou pelas infusões a frio, estará anulando qualquer restrição, porque estará se valendo apenas das características vibracionais que não produzirão efeitos nocivos. Mesmo que a pessoa opte por fazer uma infusão a quente, se o fizer de acordo com as técnicas deste livro, irá usar quantidade tão pequena das plantas que impossibilitará a extração do princípio ativo que, por ventura, tenha restrições fitoterápicas.

Não se preocupe quando o vegetal escolhido no tratamento mostrar essa restrição fitoterápica, pois, lembre-se, adotamos neste trabalho práticas diferentes focadas nas propriedades sutis, que fazem prevalecer apenas os potenciais energéticos. Contudo, redobre a atenção para que os cuidados essenciais preconizados pela Fitoenergética sejam empregados. Esses cuidados são:

– Não há, jamais, necessidade alguma de se extrair o princípio ativo químico contido nas plantas por decocção (fervura da planta em água) ou por qualquer outro método;

– Não há, jamais, a necessidade de usar grandes quantidades de plantas, assim como usamos nas tradicionais preparações caseiras. Use o mínimo possível;

– Não precisamos, necessariamente, ingerir os compostos; podemos optar pelos métodos de vaporização, spray, banho, compressa, sachê, entre outros adaptáveis à sua realidade;

– Ao optar pelo uso interno, você não precisa fazer um chá forte, tampouco deixar as plantas imersas em água por mais de três minutos;

– Ainda assim, quando optar pelo uso interno, você poderá fazer a infusão a frio;

– Ao passo que um chá tradicional da Fitoterapia requer uma quantidade de um pequeno punhado das plantas, o que equivale a uma ou duas colheres de sopa, na Fitoenergética poderíamos usar "migalhas" das plantas.

Observações:

– O estudo que vamos apresentar a seguir foi realizado com os vegetais devidamente limpos e potencializados energeticamente conforme as técnicas descritas neste livro.

– Você poderá utilizar a raiz, a folha, o caule, a fruta ou a flor do vegetal, até mesmo tudo misturado. Preste atenção quanto às características toxicológicas dos vegetais. Na dúvida, utilize aplicações externas como o spray, em infusões a frio, por exemplo.

– As partes da planta que armazenam maior nível de energia são a flor e a fruta. Folhas, talos e raízes possuem a mesma frequência, porém com menor nível de energia. Contudo, se as técnicas de Fitoalquimia forem aplicadas com precisão, todas as partes tornam-se igualmente energizadas, o que facilita tudo.

Classificação fitoenergética detalhada:

Açafrão

Nome científico .... *Curcuma longa*

Caráter energético .... Nivelador

Chacras em que atua .... 1º ao 3º

Nível de energia 23

Polaridade Yin/Yang .... yang

Função fitoenergética: elimina a necessidade de mentir, traz a ética e os bons costumes, auxilia na agilidade para decidir e ter senso de direção, gera boas práticas e costumes positivos na vida.

Restrições quanto à Fitoterapia: não fazer uso interno na gravidez.

Açoita-cavalo

Nome científico .... *Luehea divaricata*

Caráter energético .... Puro

Chacra em que atua 7º

Nível de energia 65

Polaridade Yin/Yang .... yin

Função fitoenergética: permite uma conexão com Deus, ver a verdade sobre a vida, aceitar a presença de outros planos espirituais, entender a morte, conviver com Deus no coração, respeitar o "Divino", aprender a conviver com outras pessoas. Elimina o astigmatismo, ajuda a não temer a morte, enxergar o que está nas "entrelinhas", e aumenta a percepção sobre a vida.

Aipo

Nome científico .... *Apium graveolens*

Caráter energético .... Nivelador

Chacras em que atua .... 1º ao 5º

Nível de energia 51

Polaridade Yin/Yang .... yang

Função fitoenergética: elimina os estados de delinquência, permite à pessoa não alimentar falsidade e rancor, gera paz divina no coração daquele que se sente desamparado, ensina a ter ambições na vida para progredir sempre e auxilia a saber usufruir dos recursos da natureza para melhorar a qualidade de vida.

Alcaçuz

Nome científico .... *Glycyrrhiza glabra*

Caráter energético .... Condutor

Chacras em que atua .... Todos

Nível de energia 45

Polaridade Yin/Yang .... yang

Função fitoenergética: fixa o conhecimento, ajuda a memorizar o aprendizado, guardar na memória; criar uma nova atitude na vida, ter boa percepção e entendimento de tudo que é novo, e assimilar bem as mudanças que ocorrem na vida.

Alcachofra

Nome científico .... *Cynara scolymus*

Caráter energético .... Puro

Chacra em que atua 3º

Nível de energia 27

Polaridade Yin/Yang .... yang

Função fitoenergética: elimina mágoas do passado, ajuda a dar limites na vida, elimina a tensão emocional, os efeitos da quimioterapia, ajuda a ter paciência e estar tranquilo, gera vitalidade.

Restrições quanto à Fitoterapia: com o uso prolongado, pode aumentar a pressão sanguínea. Com o uso em doses mais concentradas e prolongadas, pode gerar efeitos semelhantes aos corticosteroides.

ALCARÁVIA

Nome científico .... *Carum carvi*

Caráter energético .... Puro

Chacra em que atua 4º

Nível de energia 30

Polaridade Yin/Yang .... yin

Função fitoenergética: favorece o zelo por princípios e valores, incentiva a pessoa a acreditar na justiça divina, planejar a vida com tranquilidade, ter coragem para agir, sentir segurança na vida que leva, não se subestimar, ter gratidão pela vida e prazer em viver, elimina apegos.

ALECRIM

Nome científico .... *Rosmarinus officinalis*

Caráter energético .... Condutor

Chacras em que atua .... Todos

Nível de energia 45

Polaridade Yin/Yang .... yang

Função fitoenergética: acessa os registros akháhsicos, libera traumas, medos e outros aspectos negativos registrados no ser, que estão “adormecidos”. Gera vontade de mudar e conhecer o novo, incentiva a pessoa a ter sabedoria para viver e amar.

Restrições quanto à Fitoterapia: pode causar nefrite e gastrite em doses muito elevadas. Contraindicado na diabetes, hipertensão arterial, na gestação, em portadores de hipertrofia de próstata e em doenças inflamatórias da pele.

ALFAFA

Nome científico .... *Medicago sativa*

Caráter energético .... Condutor

Chacras em que atua .... Todos

Nível de energia 62

Polaridade Yin/Yang .... yin

Função fitoenergética: ajuda a apaziguar e equilibrar os sentimentos alterados e trazer a pessoa para seu eixo e essência. Embora sua polaridade seja yin, é um vegetal que nem estimula nem acalma, mas equilibra. Ajuda a pessoa a discernir e ponderar em todas as situações. Indicado contra crises existenciais ou de identidade.

ALFAZEMA

Nome científico .... *Lavandula angustifolia*

Caráter energético .... Puro

Chacra em que atua 5º

Nível de energia 53

Polaridade Yin/Yang .... yin

Função fitoenergética: incentiva a esperar a hora certa para dizer as coisas, economizar com equilíbrio em qualquer aspecto, gera paz interior, completa o "Eu" interior, favorece a lida com muitas coisas ao mesmo tempo sem gerar estresse; ajuda a planejar bem o futuro, criar visão estratégica da vida, ter empreendedorismo, não julgar o próximo, respeitar os limites das outras pessoas.

ALHO-PORÓ

Nome científico .... *Allium porrum*

Caráter energético .... Nivelador

Chacras em que atua .... 1º ao 3º

Nível de energia 26

Polaridade Yin/Yang .... yang

Função fitoenergética: gera virilidade e masculinidade, incentiva a pessoa a criar ânimo para praticar atividades físicas, ter respostas imediatas para os problemas da vida e romper relacionamentos com pessoas negativas e más.

Amora-branca

Nome científico .... *Morus alba*

Caráter energético ....

Puro Chacra em que atua 4º

Nível de energia 32

Polaridade Yin/Yang .... yang

Função fitoenergética: reduz vertigens, tonturas, calorões da menopausa, equilibra o humor em todos os processos de alterações hormonais na adolescência e na maturidade, como TPM e menopausa, cria vitalidade energética para estimular o corpo a produzir substâncias naturais do organismo que, com o avanço da idade, ficam escassas e necessitam ser repostas.

Anis-estrelado

Nome científico .... *Illicium verum*

Caráter energético .... Físico

Chacra em que atua 2º

Nível de energia 27

Polaridade Yin/Yang .... yin

Função fitoenergética: acalma o excesso de masculinidade, agressividade e violência. Reduz o efeito "pavio curto" (pessoa explosiva e irritada) e a falta de tolerância, reduz a hiperatividade e o estresse físico.

Restrições quanto à Fitoterapia: contraindicado em gastrites, úlcera péptica e insônia.

Angélica nacional

Nome científico .... *Hedychium coronarium*

Caráter energético .... Puro

Chacra em que atua 3º

Nível de energia 33

Polaridade Yin/Yang .... yin

Função fitoenergética: ajuda a pessoa a se desprender do materialismo, vencer medos, desapegar-se das estruturas materiais que a prendem apenas pela necessidade de sobrevivência. Com isso, estimula a pessoa a ter forças para vencer os desafios e fazer aquilo que ama sem se sentir dependente de nada. Cria a capacidade de tornar-se independente e livre.

Arnica brasileira ou silvestre

Nome científico .... *Solidago chilensis*

Caráter energético .... Nivelador

Chacras em que atua .... 1º ao 4º

Nível de energia 40

Polaridade Yin/Yang .... yang

Função fitoenergética: desobstrui os canais energéticos, estimula a circulação sanguínea e a imunidade física, estimula a cicatrização mais rápida; em casos de pós-cirurgia, reduz o tempo de recuperação física.

ARRUDA

Nome científico .... *Ruta graveolens*

Caráter energético .... Puro

Chacra em que atua .... 3°

Nível de energia 30

Polaridade Yin/Yang .... yang

Função fitoenergética: é um dos maiores termômetros de ambientes, pois a arruda quando plantada indica a qualidade da energia local, que pode ser medida pela vitalidade da planta. Não vai bem na presença de pessoas não realizadas ou frustradas. Já quando utilizada nos compostos fitoenergéticos, ajuda a liberar o choro reprimido e a tristeza interiorizada. Traz força para superar os desejos não realizados, elimina a frustração e o sentimento de fracasso, ajuda a limpar traumas e insatisfações que tornam a pessoa amarga, reclamona e chata.

ARTEMÍSIA

Nome científico .... *Artemisia vulgaris*

Caráter energético .... Físico

Chacra em que atua 2º

Nível de energia 23

Polaridade Yin/Yang .... yin

Função fitoenergética: estimula a fertilidade; regula o fluxo menstrual, reduz efeitos da TPM, reduz cistos no ovário e miomas no útero, reduz dores pós-parto, prepara energeticamente o ventre de mulheres que desejam engravidar.

Restrições quanto à Fitoterapia: é tóxica para o gado. Imprópria para as grávidas e lactantes.

ASSA-PEIXE

Nome científico .... *Vernonia polyanthes*

Caráter energético .... Físico

Chacra em que atua 4º

Nível de energia 15

Polaridade Yin/Yang .... yang

Função fitoenergética: motiva, traz ânimo, empenho. Gera amor e presença de espírito. Ajuda a despertar a amorosidade do coração. Indicado para pessoas frias, calculistas, insensíveis, pois ajuda a deixar o coração vir à tona com uma energia transformadora. Ajuda a pessoa a livrar-se de preconceitos, machismos e culpas.

Avenca

Nome científico .... *Adiantum raddianum*

Caráter energético .... Nivelador

Chacras em que atua .... 1° a 5°

Nível de energia 47

Polaridade Yin/Yang .... yang

Função fitoenergética: tem a função de catalisar a eficiência de qualquer composto fitoenergético. É um vegetal utilizado para aumentar a velocidade de ação do tratamento, principalmente em nível físico, já que estimula a corrente sanguínea, acelera o metabolismo, aumenta a circulação, esquenta o corpo e ativa a imunidade em geral, ajudando na conexão mente-espírito. Indicada também para limpar os bloqueios que se prendem ao processo evolutivo de uma pessoa por causa de sentimentos reprimidos. Produz intensas purificações em nível físico nos pulmões e na garganta.

Babosa

Nome científico .... *Aloe vera*

Caráter energético .... Condutor

Chacras em que atua .... Todos

Nível de energia 53

Polaridade Yin/Yang .... yin

Função fitoenergética: ativa o campo energético para estimular qualquer tipo de regeneração celular, regenera a pele (antirrugas), cicatriza ferimentos, reduz o câncer de pele, regenera a mente, faz mudanças nos pensamentos do indivíduo.

Restrições quanto à Fitoterapia: não deve ser usada durante a gestação, amamentação ou menstruação.

Barbatimão

Nome científico .... *Stryphnodendron adstringens*

Caráter energético .... Condutor

Chacras em que atua .... Todos

Nível de energia 58

Polaridade Yin/Yang .... yin

Função fitoenergética: elimina o sentimento de rejeição e de ser inoportuno, elimina a baixa autoestima e carência, a dependência afetiva; elimina miasmas no corpo físico, reeduca a alimentação, auxilia para a conclusão das coisas sem desistir no meio.

Restrições quanto à Fitoterapia: as sementes são tóxicas. Não é aconselhável o uso em crianças.

Bardana

Nome científico .... *Arctium minus*

Caráter energético .... Puro

Chacra em que atua 3º

Nível de energia 39

Polaridade Yin/Yang .... yin

Função fitoenergética: elimina a melancolia, reduz a gastrite nervosa, aumenta a fé e a esperança, ajuda a ter calma e deixar a vida fluir. Controla o excesso de sentimentalismo, elimina estados depressivos, auxilia na busca interior das saídas para os problemas e a raciocinar antes de decidir, acalmando a impulsividade e o desequilíbrio emocional.

Restrições quanto à Fitoterapia: contraindicada para crianças, para pessoas com diarreia crônica e em abscessos já drenados. O uso externo pode provocar irritação cutânea e ocular com uso local.

Boldo-do-chile

Nome científico .... *Vernonia condensata*

Caráter energético .... Puro

Chacra em que atua 3º

Nível de energia 33

Polaridade Yin/Yang .... yang

Função fitoenergética: equilibra o excesso de ego, possibilita posturas saudáveis em todas as situações da vida, limpa sofrimentos reprimidos, elimina automartírio e autorrepressão, bloqueia a penetração de energias densas, equilibra o excesso de expansão de consciência.

Restrições quanto à Fitoterapia: contraindicado em hepatites agudas. Em doses excessivas, é tóxico, podendo causar náuseas, vertigens, agitação, alucinações e convulsões.

BUGRE (CHÁ DE BUGRE)

Nome científico .... *Casearia sylvestris*

Caráter energético .... Puro

Chacra em que atua 3º

Nível de energia 38

Polaridade Yin/Yang .... yang

Função fitoenergética: favorece a expressão dos sentimentos, auxilia na comoção e solidariedade com as coisas de forma equilibrada, dá força e disciplina para reformar a conduta pessoal, possibilita o renascimento, a evolução e o crescimento espiritual. Ajuda a diferenciar o certo do errado e dar o passo certo.

CALÊNDULA

Nome científico .... *Calendula officinalis*

Caráter energético .... Puro

Chacra em que atua 7º

Nível de energia 61

Polaridade Yin/Yang .... yang

Função fitoenergética: cria responsabilidade pelo ciclo da vida, traz vontade de ter filhos com amor e respeito.

Gera satisfação por aquilo que se tem, ajuda a criar vínculo de carinho e respeito pelos seres em geral, a encontrar sua missão pessoal na vida e saber realizá-la, adiciona alegria e amor na vida, eleva a frequência dos pensamentos.

Restrições quanto à Fitoterapia: contraindicada na gestação ou para pessoas com diarreia crônica.

Cambará

Nome científico .... *Gochnatia polymorpha*

Caráter energético .... Físico

Chacra em que atua 5º

Nível de energia 25

Polaridade Yin/Yang .... yang

Função fitoenergética: cria imunidade energética na região da garganta, melhora a fala, a voz e a dicção, elimina o catarro e a rouquidão.

Camomila

Nome científico .... *Chamomilla recutita*

Caráter energético .... Puro

Chacra em que atua 3º

Nível de energia 37

Polaridade Yin/Yang .... yin

Função fitoenergética: elimina a raiva, o ódio, as mágoas; ajuda ter esperança e saber perdoar, elimina o medo e a falta de fé, gera otimismo e elimina o estresse emocional. Acalma e relaxa em casos de nervosismo e hiperatividade.

Restrições quanto à Fitoterapia: pode causar náuseas e dermatite de contato em pessoas sensíveis. Em doses muito elevadas, é tóxica, causando náuseas, vômitos, excitação e insônia.

CANA-DO-BREJO

Nome científico .... *Costus spicatus*

Caráter energético .... Puro

Chacra em que atua 6º

Nível de energia 61

Polaridade Yin/Yang .... yin

Função fitoenergética: aumenta a inteligência, a criatividade e a capacidade de criar projetos, teorias, planos e modelos para as coisas em geral. Gera a capacidade de buscar respostas, utilizando a intuição. Amplia os canais sensoriais de vidência, clarividência, intuição, olfato e paladar; aumenta a sensibilidade extrafísica sobre tudo. Equilibra a razão e a emoção.

Restrições quanto à Fitoterapia: contraindicada na gestação e em cálculos renais causados por oxalato de cálcio.

CANELA

Nome científico .... *Cinnamomum zeylanicum*

Caráter energético .... Condutor

Chacras em que atua .... Todos

Nível de energia 67

Polaridade Yin/Yang .... yin

Função fitoenergética: elimina a frieza e insensibilidade, a falta de sentimentos e a falta de crença. Elimina a ingratidão, a birra e a rebeldia. Traz sentimento de unidade com o criador e cria proteção espiritual.

Restrições quanto à Fitoterapia: evitar o uso na gravidez. Algumas pessoas possuem sensibilidade à canela no uso externo, apresentando leves irritações cutâneas.

CAPIM-CIDREIRA

Nome científico .... *Cymbopogon citratus*

Caráter energético .... Condutor

Chacras em que atua .... Todos

Nível de energia 45

Polaridade Yin/Yang .... yin

Função fitoenergética: elimina pesadelos, insônia e desordens do sono. Traz um sono vitalizador e energizante, limpa estados obsessivos, gera harmonia e elimina a ansiedade em geral, o nervosismo e a irritação mental.

Restrições quanto à Fitoterapia: pode provocar gastrite e azia em pessoas sensíveis; deve ser bem filtrado antes de beber para evitar esse problema. Contraindicado em caso de úlcera péptica.

CAROBINHA

Nome científico .... *Jacaranda caroba*

Caráter energético .... Puro

Chacra em que atua 6º

Nível de energia 64

Polaridade Yin/Yang .... yang

Função fitoenergética: ativa a memória, faz a mente funcionar, estimula o pensamento e a ação para projetar e colocar as ideias em prática, elimina a depressão, gera movimentos e atividades na vida, tira da rotina e da melancolia, criando novos padrões de comportamento.

CARQUEJA

Nome científico .... *Baccharis trimera*

Caráter energético .... Puro

Chacra em que atua 4º

Nível de energia 46

Polaridade Yin/Yang .... yang

Função fitoenergética: atua contra doenças do coração, traz tolerância, limpa o sentimento de solidão, atua contra sentimento de possessividade, o egocentrismo e o narcisismo. Em casos de câncer de pulmão e esôfago, úlcera, gastrite, eleva a imunidade energética.

Carrapicho

Nome científico .... *Desmodium adscendens*

Caráter energético .... Puro

Chacra em que atua 6º

Nível de energia 54

Polaridade Yin/Yang .... yin

Função fitoenergética: supre o sexto chacra com energia vital, por isso é recomendado contra o estresse e a fadiga mental, memória ruim e falta de força mental. Ativa a mente, abre a consciência e estimula o pensamento positivo. Excelente para limpar formas de pensamento negativas de qualquer espécie. Recomendado também contra os casos de síndrome do pânico, transtornos obsessivos e neuroses.

Cáscara-sagrada

Nome científico .... *Rhanus purshiana*

Caráter energético .... Puro

Chacra em que atua 5º

Nível de energia 44

Polaridade Yin/Yang .... yin

Função fitoenergética: ajuda a sair da crise; erguer a cabeça; parar de se lamentar; eliminar a lembrança do passado e a nostalgia; enfrentar os problemas sem reclamar ou chorar; equilibra a fala; ajuda a falar mais devagar e com calma e falar as coisas com a pureza que vem do coração; auxilia para conseguir colocar para fora através da fala os sentimentos e emoções com calma e tranquilidade.

Restrições quanto à Fitoterapia: tóxicas em doses superiores a 10g ao dia em decocção, causando diarreia, diminuição da pulsação e da temperatura corporal. Contraindicado durante a menstruação, na gestação e na amamentação.

CATINGA-DE-MULATA

Nome científico .... *Tanacetum vulgare*

Caráter energético .... Puro

Chacra em que atua 1º

Nível de energia 18

Polaridade Yin/Yang .... yang

Função fitoenergética: é energizante do corpo físico; ajuda a ter os pés no chão, ser realista, parar de sonhar coisas absurdas, fazer as coisas acontecerem, colocar em prática; aterra a energia; aumenta a capacidade de reação diante de problemas; favorece a consciência e sobriedade em todos os atos.

Restrições quanto à Fitoterapia: jamais fazer uso interno na gravidez.

Catuaba

Nome científico .... *Erythroxylum vacciniifolium*

Caráter energético .... Físico

Chacra em que atua 1º

Nível de energia 16

Polaridade Yin/Yang .... yang

Função fitoenergética: ativa a circulação sanguínea; dá força e vitalidade físicas; gera senso de justiça, ânimo e vontade para viver; proporciona disposição física; aumenta a percepção das sensações físicas; cria prioridade para fazer as coisas, focar; aumenta os estímulos e os desejos sexuais.

Restrições quanto à Fitoterapia: contraindicada para crianças e gestantes.

Cavalinha

Nome científico .... *Equisetum hyemale*

Caráter energético .... Puro

Chacra em que atua 3º

Nível de energia 36

Polaridade Yin/Yang .... yin

Função fitoenergética: limpa energeticamente o sangue; gera doçura na vida e no amor; elimina o ódio sem causa; aflora novidades para alegrar a vida; elimina a raiva; acalma o espírito; elimina o remorso e o ressentimento exagerado; gera respeito para com as coisas materiais; limpa o sentimento de inveja e ciúme em relação ao próximo; estimula a solidariedade; equilibra o emocional contra o desespero, a saudade e o excesso de sentimentalismo; elimina a ansiedade e a compulsividade, que estimulam a obesidade; equilibra os corpos sutis; ajuda a saber distinguir o certo do errado.

Restrições quanto à Fitoterapia: pode ser tóxica com o uso interno por longos períodos.

CENTELLA ASIÁTICA

Nome científico .... *Centella asiatica*

Caráter energético .... Físico

Chacra em que atua 5º

Nível de energia 17

Polaridade Yin/Yang: .... yin

Função fitoenergética: acalma a ansiedade; ajuda a falar devagar; melhora a dicção; gera imunidade na garganta; diminui as dores de garganta; auxilia a calar-se e a esperar a hora certa para dizer as coisas.

Restrições quanto à Fitoterapia: pode causar narcose e cefaleia em doses muito altas. Com o uso cutâneo, pode causar reações de fotossensibilização. Contraindicada para crianças.

Chá-verde

Nome científico .... *Camellia sinensis*

Caráter energético .... Puro

Chacra em que atua 5º

Nível de energia 45

Polaridade Yin/Yang .... yang

Função fitoenergética: ajuda a cortar relações sem sofrer; desbloqueia a fala, favorece o falar em público, estimula o poder da palavra; elimina mágoas do passado; desbloqueia a criança e a alegria interior; elimina problemas circulatórios.

Chapéu de couro

Nome científico .... *Echinodorus grandiflorus*

Caráter energético .... Puro

Chacra em que atua 2º

Nível de energia 25

Polaridade Yin/Yang: .... yin

Função fitoenergética: elimina a maldade e os desejos maléficos; melhora o humor; elimina a rebeldia; acalma crianças muito arteiras; estimula a honestidade com os sentimentos; ajuda a ter desejo de vitória e força para lutar por seus ideais, saber ver os dois lados da "moeda", quebrar padrões de conduta e pensamento, respirar novos ares, despertar poderes extrafísicos com cautela. Elimina a raiva pelo pai; a arrogância; os desejos e tentações inferiores; favorece o sentimento de saber perder; saber aceitar os defeitos dos outros; estimula a honrar compromissos; gera vitalidade energética nos casos de enfisema pulmonar, tuberculose, hanseníase e câncer de intestino.

Cipó-mil-homens

Nome científico .... *Aristolochia triangularis*

Caráter energético .... Físico

Chacra em que atua 3º

Nível de energia 15

Polaridade Yin/Yang .... yang

Função fitoenergética: estimula o aumento de vitalidade na região do estômago; melhora a digestão e o funcionamento do estômago; elimina o pânico; o sentimento de excessiva compaixão por outras pessoas. Ajuda a ter mais firmeza e pulso nas atitudes e a não "tremer" emocionalmente.

Coentro

Nome científico .... *Coriandrum sativum*

Caráter energético .... Puro

Chacra em que atua .... 6°

Nível de energia 55

Polaridade Yin/Yang .... yin

Função fitoenergética: traz a capacidade de pensar mais alto e mais focado no sentido de sua evolução espiritual, torna a pessoa amena, cria um sentido mais lapidado sobre os valores da vida, gera elegância e cavalheirismo em todas as atitudes. Ajuda a combater o excesso de vaidade, ego e futilidade, equilibra toda a forma de energia Yang, gera tranquilidade para compreender as inferioridades alheias com compaixão e sem se abalar emocionalmente. Ajuda a reduzir o ímpeto e traz capacidade para ponderar, eleva a moral e gera bons costumes, reduz a hipersexualidade.

Cominho

Nome científico .... *Cuminum cyminum*

Caráter energético .... Puro

Chacra em que atua .... 4°

Nível de energia 36

Polaridade Yin/Yang .... yang

Função fitoenergética: estimula a expressão dos sentimentos; libera bloqueios emocionais; favorece a limpeza do coração de antigas tristezas guardadas. Ajuda a conseguir entender os sentimentos das outras pessoas, ter iniciativa para ajudar ao próximo, ser solidário, socializar-se com as pessoas, melhorar o ciclo de amizades.

Confrei

Nome científico .... *Symphytum officinale*

Caráter energético .... Puro

Chacra em que atua 3º

Nível de energia 38

Polaridade Yin/Yang .... yin

Função fitoenergética: estimula a criatividade; torna o ser sensível emocionalmente; melhora a expressão corporal; acalma os sentimentos negativos internos; ajuda a ter paciência, respeitar a opinião do próximo, os idosos e a hierarquia em que vive; ajuda a ter controle sobre seus sentimentos.

Restrições quanto à Fitoterapia: o uso por tempos prolongados pode ser tóxico ao organismo. Contraindicado para gestantes.

Cordão-de-frade

Nome científico .... *Leonotis nepetaefolia*

Caráter energético .... Puro

Chacra em que atua 7º

Nível de energia 63

Polaridade Yin/Yang .... yang

Função fitoenergética: ajuda a descobrir sua missão na vida, deixar a alma aflorar; libera dons ocultos; aumenta a consciência; melhora a visão do todo; possibilita evolução espiritual.

Restrições quanto à Fitoterapia: nos tratamentos prolongados pode causar problemas hemorrágicos. Contraindicado em pacientes com doenças crônicas do fígado ou usando anticoagulantes.

Cravo-da-Índia

Nome científico .... *Syzygium aromaticum*

Caráter energético .... Puro

Chacra em que atua 6º

Nível de energia 63

Polaridade Yin/Yang .... yang

Função fitoenergética: estimula a concentração; aumenta a capacidade de concentrar energia para materializar sonhos; abre a mente para enxergar o todo; estabiliza a mente com um nível mental acelerado e de alta frequência. Estimula a busca interna de respostas para suas dúvidas. Gera clareza nos pensamentos e senso de observação aguçado.

Restrições quanto à Fitoterapia: devem ser evitadas altas doses na gestação, pois causa contrações uterinas.

Dente-de-leão

Nome científico .... *Taraxacum officinale*

Caráter energético .... Nivelador

Chacras em que atua .... 1º ao 3º

Nível de energia 26

Polaridade Yin/Yang .... yin

Função fitoenergética: estimula a pessoa a agarrar as oportunidades da vida, contentar-se com as coisas que tem e com quem é, ser feliz naturalmente, saber valorizar tudo e todos; eleva a autoestima; gera humildade e sentimento de gratidão; favorece o viver de forma simples, sem complicações e objetivamente.

Restrições quanto à Fitoterapia: contraindicado em náuseas, vômitos, diarreias crônicas, esofagites ou em obstrução de duto biliar. Pode causar reações alérgicas.

Douradinha (Critadeira)

Nome científico .... *Palicourea rigida*

Caráter energético .... Condutor

Chacras em que atua .... Todos

Nível de energia 54

Polaridade Yin/Yang .... yang

Função fitoenergética: filtra os sentimentos; elimina a culpa interna; ajuda a ter a consciência do erro e aprender com ele sem se martirizar ou sofrer; ajuda a aumentar a agilidade de resposta para tudo o que não está bem.

Endro

Nome científico .... *Anethum graveolens*

Caráter energético .... Condutor

Chacras em que atua .... Todos

Nível de energia 61

Polaridade Yin/Yang .... yang

Função fitoenergética: elimina a paranoia, protege energeticamente, ancora uma nova frequência energética positiva.

Erva-baleeira

Nome científico .... *Cordia verbenacea*

Caráter energético .... Puro

Chacra em que atua 4º

Nível de energia 37

Polaridade Yin/Yang .... yin

Função fitoenergética: proporciona uma sensibilização no ser, favorecendo que venham à tona os sentimentos e emoções que estão desequilibrados. Não é recomendada para pessoas que já estejam em crises emocionais, problemas ou emoções afloradas, porque pode gerar grandes catarses e liberações. É recomendada para pessoas que não gostam de admitir suas fraquezas emocionais, já que esse vegetal estimula a conscientização do universo sentimental, sobrepondo-se ao mental. Faz as pessoas racionais serem equilibradas pelo lado emocional, gerando grandes desbloqueios.

ERVA-DE-BICHO

Nome científico .... *Polygonum hydropiperoides*

Caráter energético .... Nivelador

Chacras em que atua .... 1º ao 5º

Nível de energia 49

Polaridade Yin/Yang .... yang

Função fitoenergética: ativa energeticamente as células, ativa o fluxo energético dos chacras secundários e promove limpeza no campo áurico. Elimina bloqueios ou acúmulos de energia negativa.

ERVA-DE-PASSARINHO

Nome científico .... *Struthanthus concinnus*

Caráter energético .... Condutor

Chacras em que atua .... Todos

Nível de energia 71

Polaridade Yin/Yang .... yin

Função fitoenergética: atua aflorando a doença que está escondida na alma, ajudando a mostrar o que está errado. Não é recomendado usar puro, apenas em um composto fitoenergético juntamente com outros vegetais. Acelera muito a vibração energética do corpo físico, expelindo miasmas e doenças que ainda estavam na aura. É um purificador da alma, gera limpezas no corpo físico.

Obs: Não usar esse vegetal em um composto fitoenergético quando a doença já existir no corpo físico.

Erva-doce

Nome científico .... *Pimpinella anisum*

Caráter energético .... Puro

Chacra em que atua 3º

Nível de energia 30

Polaridade Yin/Yang .... yang

Função fitoenergética: promove o otimismo, a motivação, a vontade; aumenta a coragem; diminui a ansiedade; gera dinamismo; ajuda a saber organizar suas prioridades. Por diminuir a ansiedade, quando utilizado antes de dormir, induz a uma leve sonolência.

Erva-mate

Nome científico .... *Ilex paraguariensis*

Caráter energético .... Físico

Chacra em que atua 3º

Nível de energia 23

Polaridade Yin/Yang .... yin

Função fitoenergética: ajuda a suportar os problemas da vida, ter fibra, coragem de se expor e mostrar-se para a vida, mesmo abalado por dificuldades, ter orgulho de quem é, ser patriota e respeitar suas origens.

ESPINHEIRA-SANTA

Nome científico .... *Maytenus ilicifolia*

Caráter energético .... Puro

Chacra em que atua 3º

Nível de energia 25

Polaridade Yin/Yang .... yang

Função fitoenergética: elimina vertigens; desintoxica o campo energético do sangue, purifica os sentimentos de amor e compaixão. Ajuda a filtrar as emoções; elimina as oscilações de humor, o mau humor, a timidez, traz resistência energética contra resfriados.

Restrições quanto à Fitoterapia: jamais fazer uso interno na gravidez, além disso, o uso prolongado por gestantes pode reduzir o leite materno.

ESTÉVIA

Nome científico .... *Stevia rebaudiana*

Caráter energético .... Nivelador

Chacras em que atua .... 1º ao 3º

Nível de energia 16

Polaridade Yin/Yang .... yin

Função fitoenergética: em casos de vitiligo fornece vitalidade energética capaz de diminuir os efeitos da doença. Estimula a dar limites na vida, respeitar a privacidade e o espaço das outras pessoas, fazer autocrítica e saber se colocar em seu devido lugar.

Eucalipto (Citrodora)

Nome científico .... *Eucalyptus citriodora*

Caráter energético .... Físico

Chacra em que atua 2º

Nível de energia 23

Polaridade Yin/Yang .... yang

Função fitoenergética: equilibra as funções renais, traz equilíbrio nos desejos e sensações sexuais, promove uma abertura da consciência sexual com paz e responsabilidade, cria a ideia de amor com liberdade de expressão, sem tabus e preconceitos. Estimula a retidão de caráter.

Fáfia

Nome científico .... *Pfaffia paniculata*

Caráter energético .... Puro

Chacra em que atua 6º

Nível de energia 59

Polaridade Yin/Yang .... yin

Função fitoenergética: é descongestionante nasal, sedativo, calmante e indutor do sono, gera efeito "sossega leão". Desliga a pessoa da realidade conflitante. Ajuda a eliminar as preocupações, neuroses e culpas. Gera um estado de silêncio e diminui a hiperatividade e a ansiedade.

Funcho

Nome científico .... *Foeniculum vulgare*

Caráter energético .... Puro

Chacra em que atua 5º

Nível de energia 69

Polaridade Yin/Yang .... yang

Função fitoenergética: desenvolve o desejo de buscar e aperfeiçoar seus talentos e virtudes, trazer força para materializar sonhos, expressar seus projetos, sonhos e sentimentos através da fala, buscar internamente a resposta para entender os segredos da vida, gera transformação interna; corta laços com o passado.

Restrições quanto à Fitoterapia: contraindicado em casos de úlcera gástrica.

Gengibre

Nome científico .... *Zingiber officinale*

Caráter energético .... Puro

Chacra em que atua 2º

Nível de energia 29

Polaridade Yin/Yang .... yang

Função fitoenergética: cria simpatia nos relacionamentos, alegria, amorosidade, doçura, intimidade e companheirismo. Elimina o mau humor nas relações e traz simplicidade para resolver problemas com o(a) parceiro(a).

Restrições quanto à Fitoterapia: contraindicado em gastrites com capa amarela na língua, em sudorese excessiva, em hipertensão arterial e em diarreias agudas.

Gervão

Nome científico .... *Stachytarpheta cayennensis*

Caráter energético .... Nivelador

Chacras em que atua .... 1º a 5º

Nível de energia 49

Polaridade Yin/Yang .... yang

Função fitoenergética: sensibiliza a aura e a consciência para perceber energias de outras esferas. Torna a pessoa altamente sensível e perceptiva às energias que a cercam. Aumenta todos os estímulos do corpo, por isso é também indicado para pessoas frias e desanimadas. Ajuda a encontrar mais prazer pela vida e valorizar as coisas imateriais, por isso é recomendado contra o egoísmo, a vaidade e orgulho.

GINKGO BILOBA

Nome científico .... *Ginkgo biloba*

Caráter energético .... Físico

Chacra em que atua 6º

Nível de energia 57

Polaridade Yin/Yang .... yang

Função fitoenergética: ativa a circulação cerebral, faz a memória ficar mais rápida, reforma padrões da mente, ativa o raciocínio e estimula a reflexão e a consciência. Traz sensação de clareza nos pensamentos.

Restrições quanto à Fitoterapia: pode ser tóxico em doses excessivas, particularmente as sementes. Usar com cuidado em pessoas idosas ou fracas, pois causa desconforto geral, dores articulares, erupção cutânea e dor de cabeça.

GINSENG

Nome científico .... *Panax quinquefolium*

Caráter energético .... Condutor

Chacras em que atua .... Todos

Nível de energia 71

Polaridade Yin/Yang .... yin

Função fitoenergética: elimina a culpa interior, a timidez. Ajuda a avançar psicologicamente, amadurecer, eliminar lembranças de erros do passado, insônia; melhora a memória, organiza os pensamentos. Diminui o excesso de ego e prevalência, auxilia na busca da maestria pessoal, elimina a inveja que sente pelos outros, os medos absurdos. Ajuda a fluir para uma nova realidade, acessa profundamente os hemisférios cerebrais e os registros akhásicos.

Restrições quanto à Fitoterapia: contraindicado em casos de hipertensão arterial.

Graviola

Nome científico .... *Annona muricata*

Caráter energético .... Físico

Chacra em que atua 3º

Nível de energia 29

Polaridade Yin/Yang .... yang

Função fitoenergética: auxilia a digestão, elimina o refluxo no estômago, traz a capacidade de "digerir" as emoções e sentimentos, auxilia no processo de emagrecimento.

Guabiroba

Nome científico .... *Campomanesia xanthocarpa*

Caráter energético .... Puro

Chacra em que atua 4º

Nível de energia 37

Polaridade Yin/Yang .... yin

Função fitoenergética: para acalmar a autoexigência exagerada, contra o pânico e medos de perder qualquer coisa na vida. Indicado contra os efeitos nocivos de rituais de magia negra, expande a energia do coração, estimula o perdão, traz sabedoria para aprender a tolerar as dificuldades bem como as condutas alheias que irritam o "Eu". Possui excelente propriedade de equilibrar o sangue e ajudar na regeneração óssea, para mulheres grávidas gera calma ao feto. Ajuda a pessoa a se livrar da vitimização e parar de procurar os culpados dos problemas. É poderoso para gerar tranquilidade, serenidade e bem-estar.

Guaco

Nome científico .... *Mikania glomerata*

Caráter energético .... Puro

Chacra em que atua 4º

Nível de energia 63

Polaridade Yin/Yang .... yang

Função fitoenergética: elimina traumas por fome e necessidades vividas na infância, elimina a inveja sentida internamente, o automartírio, reduz náuseas, soluços, asma e catarros em crianças. Ajuda a colocar em prática a sabedoria interior, ter dinamismo, saber calar-se e ser humilde na medida certa. Aumenta a imunidade do organismo.

Restrições quanto à Fitoterapia: não deve ser usado por pessoas com problemas de sangramento ou doenças crônicas do fígado.

Guaraná

Nome científico .... *Paullinia cupana*

Caráter energético .... Nivelador

Chacras em que atua .... 1º ao 3º

Nível de energia 31

Polaridade Yin/Yang .... yin

Função fitoenergética: ajuda a fazer com que as coisas negativas tenham um impacto reduzido sobre as emoções. Gera estabilidade emocional mesmo em momentos de extrema tensão, dúvida ou atrito. Gera tolerância e acalma os instintos do Eu inferior.

Restrições quanto à Fitoterapia: contraindicado em casos de gastrite, úlcera péptica, hipertensão arterial ou para portadores de arritmias cardíacas. Pessoas com insônia devem evitar doses grandes, usando apenas pela manhã.

HIBISCO

Nome científico .... *Hibiscus sabdariffa*

Caráter energético .... Puro

Chacra em que atua 2º

Nível de energia 30

Polaridade Yin/Yang .... yang

Função fitoenergética: elimina o excesso de consumismo material, o tabagismo, estimula a aproveitar da vida somente o que é real, ser realista, ter os pés no chão, saber amar coerentemente, sabendo dizer não quando for necessário. Também indicado para conseguir ter orgasmos na relação sexual e sentir os prazeres da vida.

HIPÉRICO

Nome científico .... *Hypericum perforatum*

Caráter energético .... Condutor

Chacras em que atua .... Todos

Nível de energia 47

Polaridade Yin/Yang .... yang

Função fitoenergética: limpa formas-pensamento negativas ancoradas; estimula o respeito pelas outras pessoas; abre a intuição, o autocanal de cura; gera força para enfrentar desafios; ajuda a ser bom pai, buscar o destino com as próprias pernas; ajuda a saber esperar, ter audácia no momento coerente, equilibrar, a mente e espírito, ter paz. Reduz arritmias cardíacas, diminui cólicas menstruais e intestinais, elimina dificuldades de ereção. Reverte padrões vibratórios deficientes, ajuda a ser efetivo, objetivo, coerente e ter disciplina. Amplia a capacidade de se comunicar com o mundo, elimina nevralgias, neuroses, cria vitalidade energética contra ovários policísticos, elimina o complexo de inferioridade. Acalma o espírito, traz à tona o karma, elimina o medo do abandono, reduz a sinusite e a rinite, elimina a melancolia e os aborrecimentos, acessa registros akhásicos.

Hortelã

Nome científico .... *Mentha crispa*

Caráter energético .... Condutor

Chacras em que atua .... Todos

Nível de energia 51

Polaridade Yin/Yang .... yin

Função fitoenergética: abre caminhos na vida. Ajuda a entender e trabalhar as dificuldades com o pai; elimina a hipocrisia e a falsidade, gera efeito analgésico, elimina fibromas, reduz o estresse. Ajuda a mudar o pensamento e a gerar vitalidade energética geral em casos de câncer.

HORTELÃ-LEVANTE

Nome científico .... *Mentha sylvestris*

Caráter energético .... Puro

Chacra em que atua 6º

Nível de energia 57

Polaridade Yin/Yang .... yin

Função fitoenergética: limpa a mente e o campo energético, desacelera a atividade mental, transmuta as energias densas de ordem mental e formas de pensamento, alivia tensões. Ajuda a parar de pensar em coisas negativas, descongestiona os pensamentos, expande a consciência, abre o chacra frontal (sexto), estimula a clarividência e aumenta a sensibilidade extrafísica.

INSULINA

Nome científico .... *Cissus verticillata*

Caráter energético .... Puro

Chacra em que atua 7º

Nível de energia 65

Polaridade Yin/Yang .... yang

Função fitoenergética: ajuda a aflorar a verdade da alma e o propósito aqui na Terra. Ajuda a diminuir o excesso de ambição material e a prepotência. Estimulante da visão, tanto física (olhos) quanto da mente (clarividência).

Ajuda a desbloquear os canais energéticos; torna a pessoa mais ativa, atenta e estimula a ver a vida em um novo prisma. Abre as vias respiratórias superiores, ajuda na expansão da consciência, por isso é recomendado para momentos de meditação, projeção astral e outras experiências extrafísicas.

Ipê-roxo

Nome científico .... *Tabebuia avellanedae*

Caráter energético .... Nivelador

Chacras em que atua .... 1º a 7º

Nível de energia 67

Polaridade Yin/Yang .... yang

Função fitoenergética: gera sono, ajuda a desacelerar a mente, aumenta a conexão e absorção de energia vital pelo corpo. Tem efeitos antiestresse, anti-insônia e calmante contra o nervosismo e a hiperatividade. É poderoso relaxante indutor do sono, ajuda a conectar com esferas superiores. Para pessoas "calorentas", gera uma sensação de resfriamento muito agradável no corpo.

Jaborandi

Nome científico .... *Pilocarpus microphyllus*

Caráter energético .... Físico

Chacra em que atua 4º

Nível de energia 17

Polaridade Yin/Yang .... yin

Função fitoenergética: esse vegetal ajuda o ser a se integrar fisicamente na missão que a alma necessita, ajuda a pessoa a fazer no plano material, fisicamente, a missão da alma. Traz aceitação, conformismo, tolerância e calma para o espírito. Estimula o autoperdão e ajuda a reduzir o excesso de ego, ambição e vaidade. Estimula o altruísmo.

Restrições quanto à Fitoterapia: contraindicado o uso interno em casos de asma, insuficiência cardíaca, gestação, para portadores de úlcera gástrica ou pessoas com sudorese aumentada.

JAMBOLÃO

Nome científico .... *Syzygium cumini*

Caráter energético .... Puro

Chacra em que atua 1º

Nível de energia 15

Polaridade Yin/Yang .... yang

Função fitoenergética: traz força e vontade para mobilizar-se em direção aos objetivos, gerando disposição e atividade. Cria priorização interna para realização de desejos, disciplina e bons costumes.

Jasmim

Nome científico .... *Jasminum officinale*

Caráter energético .... Condutor

Chacras em que atua .... Todos

Nível de energia 74

Polaridade Yin/Yang .... yin

Função fitoenergética: gera pureza nos pensamentos, purifica as emoções e as inferioridades. Esse é um vegetal que tem a propriedade de trazer os aspectos do divino para tudo. Se você quer um toque da pureza e perfeição divina e angelical, essa é a função do jasmim. Indicado contra vícios como cigarro, álcool, drogas e jogos. Purifica e desintoxica o organismo, é um repelente contra invasões obsessivas em geral.

Juá

Nome científico .... *Ziziphus joazeiro*

Caráter energético .... Físico

Chacra em que atua 1º

Nível de energia 13

Polaridade Yin/Yang .... yin

Função fitoenergética: libera bloqueios do primeiro chacra, por isso é recomendado para intestino preso ou preguiçoso. É calmante e relaxante do corpo físico, ajudando a induzir a um estado de leve sonolência.

Jurubeba

Nome científico .... *Solanum paniculatum*

Caráter energético .... Nivelador

Chacras em que atua .... 1º ao 3º

Nível de energia 32

Polaridade Yin/Yang .... yang

Função fitoenergética: elimina dores causadas por pedras na vesícula, gera a capacidade de superar obstáculos, ajuda a amolecer o coração e aprender a amar de verdade. Estimula o entendimento do verdadeiro significado da palavra amor.

Laranjeira

Nome científico .... *Citrus aurantium*

Caráter energético .... Puro

Chacra em que atua 2º

Nível de energia 25

Polaridade Yin/Yang .... yang

Função fitoenergética: limpa memórias negativas do passado, cria estabilidade emocional, equilibra o excesso de maturidade, elimina a sensação de abandono e solidão no mundo, gera leveza para a alma, cria objetivos e missões na vida (propósitos na vida), estimula o amor ao próximo.

Lima

Nome científico .... *Citrus aurantifolia*

Caráter energético .... Puro

Chacra em que atua 2º

Nível de energia 27

Polaridade Yin/Yang .... yin

Função fitoenergética: estabiliza emoções, libera o choro guardado, coloca o karma à tona para ser resgatado, gera sensibilidade emocional e comoção, elimina o medo em relação às outras pessoas e o excesso de preocupação com os demais. Traz autovalorização e sinceridade de sentimentos.

Losna

Nome científico .... *Artemisia absinthium*

Caráter energético .... Puro

Chacra em que atua 7º

Nível de energia 67

Polaridade Yin/Yang .... yang

Função fitoenergética: traz felicidade, coragem, êxtases espirituais e devoção.

Restrições quanto à Fitoterapia: uso interno contraindicado em crianças, durante a gestação, em portadores de gastrite ou de epilepsia. Não pode ser usada por longos períodos, pois causa danos ao cérebro.

LOURO

Nome científico .... *Laurus nobilis*

Caráter energético .... Puro

Chacra em que atua 7º

Nível de energia 78

Polaridade Yin/Yang .... yang

Função fitoenergética: elimina energias densas de origem espiritual, cria um campo energético espiritual, traz a força da energia divina para purificar os campos de energia e os ambientes em geral. Traz a força de Deus para o mundo físico.

MAÇÃ

Nome científico .... *Malus x domestica*

Caráter energético .... Puro

Chacra em que atua 4º

Nível de energia 47

Polaridade Yin/Yang .... yang

Função fitoenergética: gera paz no lar, elimina o medo da morte, acalma os nervos, libera o sorriso, gera bem-estar, harmoniza o emocional, traz sensibilidade para saber priorizar as coisas, elimina a falsidade de sentimentos.

Malva

Nome científico .... *Malva sylvestris*

Caráter energético .... Condutor

Chacras em que atua .... Todos

Nível de energia 56

Polaridade Yin/Yang .... yang

Função fitoenergética: cria conexão com energias de esferas espirituais. Ajuda a tomar decisões, respeitar hierarquias, eliminar medos, criar sentimento de justiça, aceitar as dificuldades da vida e mudar de atitude. Limpa os miasmas que causam dor e desconforto físico.

Restrições quanto à Fitoterapia: no uso interno, pode causar desconforto abdominal e diarreia quando em doses altas. Contraindicada para pessoas com diarreia crônica.

Manjericão

Nome científico .... *Ocimum basilicum*

Caráter energético .... Condutor

Chacras em que atua .... Todos

Nível de energia 43

Polaridade Yin/Yang .... yang

Função fitoenergética: abre a consciência para enxergar o que está errado, estimula a busca da verdade a qualquer preço, abençoa as escolhas e decisões, irradia energia mental.

Manjerona

Nome científico .... *Origanum majorana*

Caráter energético .... Puro

Chacra em que atua 3º

Nível de energia 40

Polaridade Yin/Yang .... yang

Função fitoenergética: traz a sensibilidade de perceber os outros à sua volta, ajuda a tornar-se solidário ao sofrimento do próximo, cria espírito de equipe, incentiva o trabalho em equipe, ajuda a respeitar a opinião dos outros e viver em paz em comunidade.

Maracujá

Nome científico .... *Passiflora edulis*

Caráter energético .... Puro

Chacra em que atua 3º

Nível de energia 38

Polaridade Yin/Yang .... yang

Função fitoenergética: gera motivação, criatividade e ação. Dá vida e entusiasmo às coisas, ajuda a ser entusiasta, assumir suas responsabilidades, enfrentar desafios, acreditar no futuro, ter esperança no amanhã, fazer projetos de vida, sonhar, acreditar que é possível e superar os obstáculos da vida.

Restrições quanto à Fitoterapia: contraindicado em casos de gravidez ou em pessoas com pressão baixa. Doses excessivas são tóxicas e podem causar sonolência e intoxicação cianídrica.

MARAPUAMA

Nome científico .... *Ptychopetalum olacoides*

Caráter energético .... Físico

Chacra em que atua .... 3°

Nível de energia 17

Polaridade Yin/Yang .... yang

Função fitoenergética: estimula a capacidade de saber esperar, aceitar, ter paciência, tolerância, aprender a valorizar e contemplar. Acalma a ansiedade em dar o passo a seguir, traz a harmonia necessária para aprender a fazer paradas durante os percursos da vida, para compreender as coisas e o universo antes de seguir em frente. Traz para a pessoa o entendimento que muitas vezes parar, esperar um pouco, meditar, é a melhor ação a ser tomada. Ajuda a eliminar as atitudes impetuosas e mal pensadas.

Restrições quanto à Fitoterapia: contraindicado o uso interno em casos de nervosismo, insônia e para crianças.

MARCELA

Nome científico .... *Achyrocline satureioides*

Caráter energético .... Puro

Chacra em que atua 3º

Nível de energia 28

Polaridade Yin/Yang .... yang

Função fitoenergética: estimula a fertilidade nas mulheres, ativa a coragem, a segurança. Gera confiança para se impor em qualquer situação, elimina maus hábitos, cria esperança, ativa a iniciativa, a vontade de fazer e a capacidade de perdoar e de limpar-se do ódio.

MARMELO

Nome científico .... *Cydonia oblonga*

Caráter energético .... Nivelador

Chacras em que atua .... 1º ao 7º

Nível de energia 62

Polaridade Yin/Yang .... yin

Função fitoenergética: alivia dores locais, desincha, cria um efeito sedativo, calmante e protetor local. Aumenta a vitalidade e regula a atividade celular local. Auxilia contra qualquer processo de multiplicação indesejada. Estimula a paciência, a perseverança e o equilíbrio emocional.

Mastruço (Menstruz)

Nome científico .... *Coronopus didymus*

Caráter energético .... Físico

Chacra em que atua 4º

Nível de energia 46

Polaridade Yin/Yang .... yang

Função fitoenergética: elimina o catarro, abre os brônquios, estimula a sensação física, amplia a respiração, desbloqueia os sentimentos, vitaliza os pulmões.

Melissa

Nome científico .... *Melissa officinalis*

Caráter energético .... Puro

Chacra em que atua 4º

Nível de energia 36

Polaridade Yin/Yang .... yang

Função fitoenergética: ajuda a superar divórcios complicados, ser doce, saber viver e amar, cria conduta de honestidade, elimina traumas de maus tratos na infância, discórdia, medo de aranhas e bichos peçonhentos. Traz consciência da infância para melhor entender o presente.

Mil-em-rama

Nome científico .... *Achillea millefolium*

Caráter energético .... Puro

Chacra em que atua .... 5°

Nível de energia 53

Polaridade Yin/Yang .... yang

Função fitoenergética: estimula a pessoa a falar o que está trancado, não segurar os sentimentos guardados, ter coragem de falar e resolver as coisas na hora. Ajuda a ser objetivo e colocar em prática aquilo que se pensa e quer. Melhora o timbre de voz, estimula as cordas vocais, ajuda a encontrar as melhores palavras para verbalizar os pensamentos.

Restrições quanto à Fitoterapia: uso interno contraindicado na gestação e se a pessoa já tiver apresentado alergia com o uso dessa planta.

Morango

Nome científico .... *Fragaria ananassa*

Caráter energético .... Nivelador

Chacras em que atua .... 1° ao 4°

Nível de energia 47

Polaridade Yin/Yang .... yin

Função fitoenergética: elimina a carência afetiva, acalma a dor por uma perda emocional forte, como falecimento, fim de um relacionamento ou uma notícia ruim. Gera amor incondicional e paz na família. Libera os sentimentos reprimidos e corta laços com pessoas já falecidas.

MULUNGU

Nome científico .... *Erythrina mulungu*

Caráter energético .... Puro

Chacra em que atua 4º

Nível de energia 39

Polaridade Yin/Yang .... yang

Função fitoenergética: recomendado para pessoas com pressão baixa. Estimula o movimento, o funcionamento do corpo físico e aquecimento do corpo. Traz atitude e ação, gera entusiasmo, diminui a preguiça e o desânimo. Recomendado contra a depressão, aumenta a imunidade do corpo e gera vitalidade. Melhora a saúde da pele.

ORÉGANO

Nome científico .... *Origanum vulgare*

Caráter energético .... Físico

Chacra em que atua 1º

Nível de energia 14

Polaridade Yin/Yang .... yin

Função fitoenergética: ajuda a conseguir estruturar a sua moradia, casa, convívio, a se instalar e criar raízes; criar projetos duradouros e concretos. Estimula a honrar compromissos e acordos, cumprir promessas e construir uma história de vida.

PARIPAROBA

Nome científico .... *Pothomorphe umbellata*

Caráter energético .... Puro

Chacra em que atua 1º

Nível de energia 13

Polaridade Yin/Yang .... yin

Função fitoenergética: acalma os instintos, diminui a fúria, elimina o machismo e a hiperatividade. Ajuda a relaxar e evitar o estresse físico. Elimina a mesquinharia e o materialismo excessivo. Valoriza a família, a moral, a ética e ajuda a ter conduta íntegra.

PATA-DE-VACA

Nome científico .... *Bauhinia forficata*

Caráter energético .... Puro

Chacra em que atua 2º

Nível de energia 24

Polaridade Yin/Yang .... yang

Função fitoenergética: gera compreensão e entendimento no relacionamento familiar, ajuda no crescimento social, conscientizando o indivíduo a dividir e compartilhar seus sentimentos. Ajuda a aprender a ter responsabilidades próprias e a beneficiar-se disso. Dissolve registros de problemas de relacionamentos com o pai.

Pêssego

Nome científico .... *Prunus persica*

Caráter energético .... Puro

Chacra em que atua 6º

Nível de energia 59

Polaridade Yin/Yang .... yang

Função fitoenergética: ajuda a aceitar os próprios defeitos com harmonia para poder evoluir na vida, usufruir plenamente de sua capacidade, ter calma mental, regenerar a mente, mudar os pensamentos e atitudes. Ajuda a eliminar doenças degenerativas do cérebro, a paranoia e a confusão nos pensamentos.

Picão-preto

Nome científico .... *Bidens pilosa*

Caráter energético .... Puro

Chacra em que atua 1º

Nível de energia 17

Polaridade Yin/Yang .... yang

Função fitoenergética: traz capacidade de discernimento e gera equilíbrio geral, fortalece as juntas do corpo físico, é tônico do sangue, gera paz para enfrentar e suportar os problemas da vida. Gera humildade e simplicidade, aumenta a autoestima e o orgulho de ser quem é.

PITANGUEIRA

Nome científico .... *Eugenia uniflora*

Caráter energético .... Condutor

Chacras em que atua .... Todos

Nível de energia 60

Polaridade Yin/Yang .... yang

Função fitoenergética: ajuda a ter energia para enfrentar a vida, gera vitalidade nas células, cria imunidade física, emocional, mental. Traz clareza mental, ajuda a esclarecer dúvidas, encontrar saídas e caminhos, entrar em acordo, ponderar, entender o próximo e buscar o diálogo nas discussões.

POEJO

Nome científico .... *Mentha pulegium*

Caráter energético .... Puro

Chacra em que atua 4º

Nível de energia 42

Polaridade Yin/Yang .... yin

Função fitoenergética: ajuda a conseguir fazer as coisas até o fim sem desistir, não acumular sentimentos negativos, não se abalar com o egoísmo e maldade alheia. Proporciona imunidade energética dos rins, estimula o saber se desculpar, saber se redimir, saber reconhecer o próprio erro e amar a vida. Reduz o autoritarismo, o orgulho e a arrogância.

Porangaba

Nome científico .... *Cordia ecalyculata*

Caráter energético .... Puro

Chacra em que atua 4º

Nível de energia 40

Polaridade Yin/Yang .... yin

Função fitoenergética: ajuda a ter tolerância e paciência, aprender a se desprender de coisas materiais e sexo, encerrar ciclos do passado e evitar a alienação do todo. Atua reduzindo a futilidade e a infantilidade.

Quebra-pedra

Nome científico .... *Phyllanthus niruri*

Caráter energético .... Puro

Chacra em que atua 2º

Nível de energia 28

Polaridade Yin/Yang .... yin

Função fitoenergética: torna os relacionamentos mais simples; ajuda a se soltar para o amor, entender e respeitar os defeitos dos outros, harmonizar relacionamentos conjugais, trabalhar em equipe, ter foco nas metas e nos objetivos, aprender a perdoar e filtrar emoções.

Restrições quanto à Fitoterapia: o uso interno com dosagens em excesso exercem efeito laxante.

QUITOCO

Nome científico .... *Pluchea sagittalis*

Caráter energético .... Puro

Chacra em que atua 7º

Nível de energia 66

Polaridade Yin/Yang .... yang

Função fitoenergética: amplia a conexão com Deus, abre os canais sensoriais, amplia a canalização de energia vital. Elimina bloqueios do sétimo chacra, abre caminho para a espiritualidade, eleva a frequência, melhora a qualidade do sono, estimula o aprendizado de viver a vida sem a necessidade de controlar tudo e a ser menos racional e mais intuitivo.

Sabugueiro

Nome científico .... *Sambucus australis*

Caráter energético .... Físico

Chacra em que atua 2º

Nível de energia 21

Polaridade Yin/Yang .... yang

Função fitoenergética: ajuda a entender o que está fazendo errado em qualquer tipo de relacionamento, aumenta a espontaneidade de sentimentos, estimula a vontade de fazer amizades e cultivar os amigos, a sociabilidade e a criação de bons ciclos de amizade.

Restrições quanto à Fitoterapia: evitar uso em excesso e em altas concentrações.

Salsaparrilha

Nome científico .... *Smilax japicanga*

Caráter energético .... Condutor

Chacras em que atua .... Todos

Nível de energia 44

Polaridade Yin/Yang .... yang

Função fitoenergética: estimula a formação de um caráter correto, ético e bondoso, com bons princípios e valores. Eleva a autoconfiança, torna o medo apenas um desafio e uma aventura, ajuda a ser fiel, limpar os erros e questões negativas para poder viver com a consciência "limpa".

Sálvia

Nome científico .... *Salvia officinalis*

Caráter energético .... Puro

Chacra em que atua 5º

Nível de energia 54

Polaridade Yin/Yang .... yang

Função fitoenergética: ajuda a poder explicar as coisas de forma científica, criar argumentos que convençam, saber explicar de forma correta de acordo com o público expectador, usar linguajar criativo e dinâmico, ser criativo e rápido nas palavras, estimula o dom da palavra falada.

Restrições quanto à Fitoterapia: uso interno contraindicado na gravidez, no aleitamento materno, em portadores de epilepsia, olhos e boca seca, ou em pessoas usando medicação para o coração.

Sassafrás

Nome científico .... *Ocotea odorifera*

Caráter energético .... Físico

Chacra em que atua 2º

Nível de energia 14

Polaridade Yin/Yang .... yin

Função fitoenergética: ajuda o metabolismo do corpo físico a funcionar melhor, equilibra as funções renais, auxilia na regeneração dos ossos e possibilita calcificação mais rápida em casos de fraturas. É um excelente harmonizador contra os desequilíbrios hormonais da menopausa, ajuda a fortalecer a união entre duas pessoas, gerando paz, harmonia e pureza no vínculo.

SENE

Nome científico .... *Senna occidentalis*

Caráter energético .... Puro

Chacra em que atua 6º

Nível de energia 53

Polaridade Yin/Yang .... yin

Função fitoenergética: elimina imagens traumáticas gravadas na memória, elimina o ódio e o rancor, aterra os pensamentos; ajuda a passar segurança e confiança para as pessoas à sua volta.

Restrições quanto à Fitoterapia: jamais usar na gravidez. Contraindicado no caso de disenterias. Não recomendado o uso por períodos prolongados.

Sete-sangrias

Nome científico .... *Cuphea carthagenensis*

Caráter energético .... Físico

Chacra em que atua 6º

Nível de energia 12

Polaridade Yin/Yang .... yin

Função fitoenergética: desobstrui as vias aéreas respiratórias superiores, ajuda a dissolver a sinusite e limpar a rinite. É sedativo contra dores de cabeça. Limpa a mente de preocupações, inseguranças e ansiedades. Ajuda a esperar para ver como será, eliminando o hábito negativo de se "pré-ocupar" muito antes da hora.

Tanchagem (Tansagem)

Nome científico .... *Plantago major*

Caráter energético .... Puro

Chacra em que atua 6º

Nível de energia 51

Polaridade Yin/Yang .... yin

Função fitoenergética: elimina a maldade interior, reduz o excesso de preocupação, cria potencialidade energética contra o Mal de Alzheimer, elimina o mal-estar, fortalece a energia dos ossos, elimina a timidez, o excesso de perfeccionismo e ajuda a construir uma personalidade ética.

Restrições quanto à Fitoterapia: contraindicada nos casos de prisão de ventre e na gravidez.

Tayuya

Nome científico .... *Cayaponia tayuya*

Caráter energético .... Puro

Chacra em que atua 4º

Nível de energia 43

Polaridade Yin/Yang .... yin

Função fitoenergética: elimina dores lombares e tensões nas costas. Relaxa os músculos e os nervos, acalma dores musculares, desincha lesões e torções (mau jeito). É anestésico natural. Acalma a frequência cardíaca e ajuda a reduzir a pressão alta.

Tília

Nome científico .... *Tilia cordata*

Caráter energético .... Puro

Chacra em que atua 7º

Nível de energia 66

Polaridade Yin/Yang .... yin

Função fitoenergética: elimina tonturas, vertigens, labirintite, ajuda a saber que rumo tomar em sua vida espiritual, ter uma orientação espiritual a seguir.

Restrições quanto à Fitoterapia: o uso interno pode causar náuseas e vômitos em pessoas sensíveis. Contraindicada para pessoas com insuficiência cardíaca. Em doses excessivas, produz náusea, vômitos e diarreias.

TOMILHO

Nome científico .... *Thymus vulgaris*

Caráter energético .... Puro

Chacra em que atua 5º

Nível de energia 43

Polaridade Yin/Yang .... yang

Função fitoenergética: ativa a glândula tireoide, permite sentir o gosto apurado dos alimentos, formalizar as coisas e organizar de forma lógica para que todos possam entender os seus objetivos e metas. Melhora a comunicação em trabalhos de equipe e aumenta o entendimento entre as partes.

UNHA-DE-GATO

Nome científico .... *Uncaria guianensis*

Caráter energético .... Nivelador

Chacra em que atua 1º

Nível de energia 19

Polaridade Yin/Yang .... yang

Função fitoenergética: ajuda a se instalar e se estruturar em qualquer lugar e em qualquer setor da vida, dar-se bem mesmo nas adversidades, saber aproveitar as dificuldades da vida para evoluir e aprender a dar valor às coisas e à saúde que tem; e ainda valorizar os elementos da natureza e respeitar qualquer forma de vida no universo.

Uva-ursi

Nome científico .... *Arctostaphylos officinalis*

Caráter energético .... Nivelador

Chacras em que atua .... 1º a 5º

Nível de energia 46

Polaridade Yin/Yang .... yin

Função fitoenergética: elimina o medo de falar, de se comunicar e de pôr para fora o que se sente ou pensa. Estimula a iniciativa para fazer as coisas acontecerem, realizar projetos e tirar as ideias só do plano mental. Equilibra a tireoide, por isso é também recomendada para o emagrecimento.

Uxi-amarelo

Nome científico .... *Endopleura uchi*

Caráter energético .... Físico

Chacra em que atua 4º

Nível de energia 13

Polaridade Yin/Yang .... yin

Função fitoenergética: ajuda a trazer a pessoa para seu eixo, a centrar as ideias e ações. Acalma as tensões do corpo, gera estado de serenidade, mantendo a consciência ativa e os instintos equilibrados. Traz efeito de aterramento, incentiva a pessoa a entrar em contato com as energias da natureza, reconhecendo Deus nas árvores, na terra e em outros elementos. Produz uma sensação de frescor nos ombros e nas costas.

VALERIANA

Nome científico .... *Valeriana officinalis*

Caráter energético .... Puro

Chacra em que atua 3º

Nível de energia 27

Polaridade Yin/Yang .... yin

Função fitoenergética: neutraliza os sentimentos negativos; ajuda a aprender a ver as coisas boas existentes por trás das crises, ter personalidade para enfrentar os maus momentos, mantendo-se de bom humor, e eliminar o estado de "vítima" da situação. Faz a pessoa se desligar de qualquer tipo de doença que possa ter sido contraída por carência.

Restrições quanto à Fitoterapia: não fazer uso interno na gestação.

Tabela 3: Chacras x causas x doenças x vegetais

Chacra	Localização no corpo físico	Alguns comportamentos que podem gerar desequilíbrios	Algumas doenças que os desequilíbrios podem gerar	Vegetais Puros	Vegetais Niveladores	Vegetais Físicos	Vegetais Condutores
7.Coronário	Alto da cabeça	Negligência espiritual, alienação da causa e missão pessoal, falta de fé, incredulidade, não aceitar o mundo, não se ligar a uma consciência divina, não crer em Deus, brigar com Deus, rejeitar sua origem e criação etc.	Desequilíbrio do relógio biológico e do sono. Estado de torpor constante. Estado de espírito alterado. Desarmonia nos vínculos entre corpo físico e corpos sutis. Não integração total da personalidade com a vida e os aspectos espirituais. Tumores no cérebro. Obsessões espirituais. Depressões. Mal de Alzheimer. Mal de Parkinson. Esquizofrenia. Epilepsia. Influencia a função de todos as outros chacras.	Açoita-cavalo- Calêndula+ Cordão-de-frade+ Insulina+ Losna+ Louro+ Quitoco+ Tília-	Ipê-roxo+ Marmelo-	Não catalogado	Alcaçuz+ Alecrim+ Alfafa- Babosa- Barbatimão- Canela- Capim-cidreira- Douradinha+ Endro+ Erva-de-passarinho- Hipérico+ Ginseng- Hortelã- Jasmim- Malva+ Manjericão+ Pitangueira+Salsaparrilha+
6.Frontal	Centro da testa a um centímetro acima das sobrancelhas	Ceticismo, materialismo excessivo, excesso de preocupações na vida, não saber dar limites na vida, excesso de negatividade, raiva do mundo, futilidade, dificuldade em viver a vida, excessiva visão racional e lógica de tudo etc.	Incapacidade de visualizar e compreender conceitos mentais. Incapacidade de pôr ideias em prática. Influencia a função de todas as outras glândulas. Dores de cabeça. Sinusite. Confusão mental. Dificuldade de concentração. Memória ruim. Otites. Hiperatividade mental.	Cana-do-brejo- Carobinha+ Carrapicho- Coentro- Cravo-da-índia+ Fáfia- Hortelã-levante- Pêssego+ Tansagem- Sene-	Ipê-roxo+ Marmelo-	Ginkgo Biloba+ Sete Sangrias-	Alcaçuz+ Alecrim+ Alfafa- Babosa- Barbatimão- Canela- Capim-cidreira- Douradinha+ Endro+ Erva-de-passarinho- Hipérico+ Ginseng- Hortelã- Jasmim- Malva+ Manjericão+ Pitangueira+Salsaparrilha+
5.Laríngeo	Garganta	Não conseguir falar, não conseguir opinar, não conseguir verbalizar ou expressar os sentimentos, "engolir" os sentimentos reprimidos, não conseguir pôr em prática os projetos etc.	Falta de criatividade para verbalizar pensamentos. Dificuldade de expressão e comunicação, principalmente em público. Asmas. Artrites. Alergias. Laringites. Dores de garganta. Problemas menstruais. Herpes e aftas na boca. Problemas de cabelo e pele. Descontrole do crescimento do corpo na infância. Bócio. Herpes. Câncer na garganta. Perda da voz. Surdez. Problemas nos dentes e gengivas.	Alfazema- Cáscara-sagrada- Chá Verde+ Funcho+ Mil-em-rama+ Sálvia+ Tomilho+	Aipo+Avenca+ Erva-de-bicho+ Gervão+Ipê-roxo+Marmelo- Uva-ursi-	Cambará+ Centela Asiática-	Alcaçuz+ Alecrim+ Alfafa- Babosa- Barbatimão- Canela- Capim-cidreira- Douradinha+ Endro+ Erva-de-passarinho- Hipérico+ Ginseng- Hortelã-Jasmim- Malva+ Manjericão+ Pitangueira+Salsaparrilha+

Chacra	Localização no corpo físico	Alguns comportamentos que podem gerar desequilíbrios	Algumas doenças que os desequilíbrios podem gerar	Vegetais Puros	Vegetais Niveladores	Vegetais Físicos	Vegetais Condutores
4.Cardíaco	Região central do peitoral	Sentimentos reprimidos, tristeza, não achar graça da vida, materialismo excessivo, falta de compreensão, falta de sensibilidade, excesso de apego por tudo, dores de perda e abandono etc.	Infartos. Angina. Taquicardia. Paradas respiratórias. Deficiência pulmonar. Circulação precária. Baixa imunidade. Efizema pulmonar. Câncer de mama. Lúpus. Doenças do sangue em geral. Doenças arteriais. Gripes.	Alcarávia- Amora--branca+ Carqueja+ Cominho+ Erva--baleeira- Guabiroba- Guaco+Maçã+Melissa+ Mulungu+ Poejo- Porangaba- Tayuya-	Arnica+ Avenca+ Aipo+ Erva-de-bicho+ Gervão+ Ipê-roxo+ Marmelo- Morango- Uva-ursi-	Assa-peixe+ Jaborandi- Mastruço+ Uxi-amarelo-	Alcaçuz+ Alecrim+ Alfafa- Babosa- Barbatimão- Canela- Capim-cidreira- Douradinha+ Endro+ Erva-de-passarinho- Hipérico+ Ginseng- Hortelã- Jasmim- Malva+Manjericão+ Pitangueira+ Salsaparrilha+
3.Umbilical	Estômago	Raiva, medo, insegurança, mágoa, tristeza, remorso, arrependimento, não engolir a vida, falta de aceitação, intolerância, desejos não realizados, ansiedade, angústia, pânico, não perdoar, vitimizar-se, excesso de infantilidade, falta de flexibilidade, carência afetiva, vergonha, culpa.	Deficiência digestiva e estomacal. Úlcera. Gastrite. Oscilações de humor. Depressões. Introversão. Hábitos alimentares anormais. Instabilidade nervosa. Câncer de estômago. Desequilíbrio emocional. Inseguranças. Medos e Pânicos. Agonias. Ansiedade. Diabetes. Obesi-dade. Pancreatites. Hepatites. Com-pulsão por consumo. Hérnia de hiato.	Alcachofra+ Angélica Nacional- Arruda+ Bardana- Boldo--do-chile+ Bugre+ Camomila- Cavalinha- Confrei- Erva-doce+ Espinheira-santa+ Manjerona+Maracujá+ Marcela+ Valeriana-	Açafrão+ Alho-poró+ Arnica+ Avenca+ Aipo+ Dente-de--leão- Erva-de-bicho+ Gervão+Guaraná- Ipê-roxo+Jurubeba+ Marmelo- Morango- Estévia- Uva-ursi-	Cipó-mil--homens+ Graviola+ Marapuama+ Erva-mate-	Alcaçuz+ Alecrim+ Alfafa- Babosa- Barbatimão- Canela- Capim-cidreira- Douradinha+ Endro+ Erva-de-passarinho- Hipérico+ Ginseng- Hortelã- Jasmim- Malva+ Manjericão+ Pitangueira+ Salsaparrilha+
2.Sacro	Abdome inferior, 3 cm abaixo do umbigo	Dificuldades nos relacionamentos com cônjuges, parentes, amigos etc. Autopodar-se de realizações na vida, falta de aceitação do corpo, baixa autoestima, dificuldade em viver a vida etc.	Deficiências no sistema linfático. Falta de orgasmo. Incapacidade de ereção. Ejaculação precoce. Descontroles no fluxo menstrual. Acúmulo de gordura acentuado na região do quadril. Obesidade em geral. Cistos nos ovários. Infertilidade.	Chapéu-de-couro- Gengibre+ Hibisco+ Lima- Pata-de-vaca+ Quebra--pedra- Laranjeira+	Açafrão+ Alho-poró+ Arnica+ Avenca+ Aipo+ Dente-de-leão- Erva--de-bicho+ Gervão+ Guaraná- Ipê-roxo+ Jurubeba+Marmelo- Morango- Estévia- Uva-ursi-	Anis--estrelado- Artemísia- Eucalipto+ Sabugueiro+ Sassafrás-	Alcaçuz+ Alecrim+ Alfafa- Babosa- Barbatimão- Canela- Capim-cidreira- Douradinha+ Endro+ Erva-de-passarinho- Hipérico+ Ginseng- Hortelã- Jasmim- Malva+ Manjericão+ Pitangueira+ Salsaparrilha+
1.Básico	Base da coluna	Problemas familiares, excessos de responsabilidade, pessoal, profissional, familiar,etc. Dificuldades na estrutura de vida, falta de dinheiro, falta de emprego etc.	Indisposição física. Falta de vitalidade. Dores nas juntas. Torcicolo. Nervo ciático. Desânimo de viver. Falta de entusiasmo. Falta de aterramento no plano Terra. Problemas nos ossos. Hemorroidas. Unha encravada crônica. Infecção de rins e bexiga.	Catinga-de-mulata+ Jambolão+ Pariparoba- Picão-preto+	Açafrão+ Alho-poró+ Arnica+ Avenca+ Aipo+ Dente-de--leão- Erva-de-bicho+ Gervão+Guaraná- Ipê-roxo+ Jurubeba+ Marmelo- Morango- Estévia- Unha-de-gato+ Uva-ursi-	Catuaba+ Juá- Orégano-	Alcaçuz+ Alecrim+ Alfafa- Babosa- Barbatimão- Canela- Capim-cidreira- Douradinha+ Endro+ Erva-de-passarinho- Hipérico+ Ginseng- Hortelã- Jasmim- Malva+ Manjericão+ Pitangueira+ Salsaparrilha+

CAPÍTULO 9
Como montar os tratamentos

COMO MONTAR OS TRATAMENTOS PARA CADA CASO

Veja os passos para montar os tratamentos certos para cada caso.

1) Determinar os chacras em desequilíbrio

Como fazer

Estude a tabela 2 do capítulo 2 (Doenças x causas). Se você ou a pessoa que requer tratamento apresentar alguma das manifestações mostradas na tabela, indica que o chacra correspondente está em desequilíbrio, logo, precisa ser tratado.

Analise os sete chacras, lendo os comportamentos e as doenças associados a cada um. À medida que for identificando os chacras que requerem tratamento, anote em uma folha para facilitar.

Observação

Você pode também entender que existam outras causas para as doenças além das citadas na tabela, não existindo restrições quanto a isso. O importante é que para cada chacra considerado em desequilíbrio sejam escolhidos os vegetais de acordo, pelo fato de que, embora cada doença tenha uma característica própria, o foco da cura não é a doença e sim a pessoa.

Dificilmente as causas de doença de uma pessoa e de outra serão as mesmas, ainda que apresentem os mesmos sintomas. Cada ser é único no seu universo de pensamentos, de emoções, de sentimentos e, principalmente, em sua memória espiritual.

Existem casos em que o desequilíbrio ocorre em todos os chacras. Não há restrição para fazer um tratamento que envolva plantas de todos os chacras.

Referências: *Consulte o capítulo 2 – tabela 2.*

2) Escolher os vegetais do composto

Como fazer

Cada chacra que você considerou como em desequilíbrio necessita de tratamento.

Lembre-se da regra básica: todo tratamento fitoenergético precisa ser composto com os seguintes vegetais:

Puros: usar um por chacra que se queira tratar. Cada chacra em desequilíbrio requer um vegetal dessa classe. Logo, se tivermos sete chacras em desequilíbrio, teremos sete vegetais puros diferentes (um por chacra).

Nivelador: usar um por composto que tenha alcance sobre todos os chacras que serão tratados. Isso quer dizer que, se o tratamento é para o segundo e quinto chacras, esse nivelador precisa atuar até o quinto chacra. Não importa o número de puros que houver no composto, há necessidade de apenas um nivelador.

Físicos: um por região onde se manifesta a dor. Se não houver dor física, não há necessidade de usá-los. Caso haja dor de cabeça, dor de estômago e dor de garganta, então teremos um vegetal físico no sexto chacra (cabeça), um vegetal físico do terceiro chacra (estômago) e um vegetal físico do quinto chacra (garganta). O uso de vegetais físicos é simultâneo aos puros. Os puros atuam nos chacras e os físicos agem fazendo com que a dor se minimize rapidamente.

Condutor: apenas um por composto. Como os vegetais condutores atuam em todos os chacras, escolha apenas um vegetal condutor por composto.

Passos

– Para cada chacra anotado em sua análise, escolha um vegetal puro. Se é o segundo chacra, escolha na tabela um vegetal entre todos do segundo chacra. Faça a mesma seleção para cada chacra que necessitar de tratamento. Anote na ficha o nome dos vegetais escolhidos e as suas polaridades.

– Escolha um vegetal nivelador de acordo com a abrangência do seu tratamento. Se você vai tratar até o sétimo chacra, esse vegetal precisa de alcance máximo (até o sétimo chacra). Se você vai tratar até o terceiro chacra, o nivelador também precisará chegar até esse ponto. Anote o nome do vegetal escolhido e a sua polaridade.

– Agora analise se há manifestações físicas no caso a ser tratado. Caso não haja, ignore os vegetais físicos. Havendo sintomas físicos, escolha um tipo para cada ponto próximo ao chacra. Exemplo: dor de cabeça, escolha um físico do sexto chacra; dor nas pernas, escolha um físico do primeiro chacra; dor de estômago, escolha um do terceiro chacra, e assim por diante. Anote os nomes dos vegetais escolhidos e as suas polaridades.

– Escolha apenas um condutor. Anote o nome do vegetal escolhido e a sua polaridade.

Referências: *Consulte o capítulo 8 – tabela 3 ou tabela na contracapa do livro.*

2.1) SELEÇÃO DOS MELHORES VEGETAIS PARA CADA CASO

Como fazer

Para cada necessidade de tratamento existem muitas opções de vegetais a serem escolhidos. Essa ampla opção de tipos de plantas é oferecida para tornar tudo mais simples.

Caso você precise de vegetais puros para o tratamento que envolve o terceiro e o quarto chacras, então será necessário um para cada plexo em desequilíbrio. Quando consultamos a lista, percebemos que existem muitas opções e nem sabemos qual escolher, mas é simples. Para facilitar, sugerimos que você selecione as opções que você já conheça e que lhe será de fácil obtenção.

Para cada planta escolhida é necessário que você vá até o capítulo 8 (O poder oculto das plantas) e verifique a sua função. Leia as informações para ver se tem afinidade com a pessoa ou situação. Caso não haja nenhuma afinidade, então, nesse caso, recomendamos que você escolha outra opção dentro da mesma classificação do vegetal. Faça isso quantas vezes forem necessárias até que encontre o vegetal mais sintonizado com as necessidades do tratamento. Lembre-se sempre de anotar os vegetais escolhidos e suas polaridades.

Referências: *Consulte o capítulo 8 – O poder oculto das plantas.*

3) Calcule a polaridade

Como fazer

Verifique a polaridade do tratamento, que dever ser igual ou maior que 0,4. Confira no capítulo *7* como fazer.

Referências: *Consulte o capítulo 7 – Polaridade dos tratamentos.*

4) Defina a forma de uso

Como fazer

De acordo com a necessidade, facilidade ou gosto, escolha como será administrado o tratamento. Se será chá, spray, sachê, banho, vaporização, etc.

Referências: *Consulte o capítulo 6 – Formas de uso.*

5) Defina a dosagem e o tempo de tratamento

Como fazer

O histórico do caso que se trata é que determina o tempo de duração do tratamento, o número de aplicações diárias, bem como os intervalos e continuidade. Para isso, analise o caso verificando seu enquadramento de acordo com os dados do capítulo 7.

Referências: *Consulte o capítulo 7 – Dosagem dos tratamentos.*

6) COMBINE A REVISÃO E A CONTINUIDADE DO TRATAMENTO

Como fazer

Sabemos que é o tratamento contínuo que produz resultados profundos e eficientes. No entanto, a experiência nos mostra que mesmo os tratamentos de curtos períodos resultam em efeitos incríveis, isso graças à combinação de vários fatores pertinentes da Fitoenergética. O que ocorre na prática é que, quando iniciamos o tratamento, mesmo que a doença tenha sido combatida por completo, muitas manifestações de melhorias, principalmente nos sentimentos e emoções, continuam aparecendo.

Determine o tempo de tratamento e combine uma revisão quando o prazo estabelecido for cumprido. Você vai perceber que, nesse retorno, muitas coisas mudaram para melhor, e, com isso, há necessidade do tratamento ser refeito para as novas necessidades.

Essa prática agiliza muito a cura da alma e torna a busca muito estimulante, porque, a cada novo composto definido, muitos aspectos positivos vão sendo aflorados, ancorando a cada nova etapa mais alegria e harmonia. Faça a revisão quantas vezes forem necessárias, até que se obtenham os resultados desejados. Não interrompa o tratamento antes do tempo estabelecido, mesmo que os objetivos sejam obtidos. Para que a Fitoalquimia se faça valer, precisamos cumprir as determinações corretas, por isso, quando você obtiver êxito mesmo durante o tratamento, espere que seu período se encerre. Só aí você poderá cessá-lo.

Referências: *Consulte o capítulo 7 – Continuidade dos tratamentos.*

EXEMPLOS DE TRATAMENTOS CASOS REAIS

PRIMEIRO CASO

Mulher, 32 anos.

Sintoma: Medo da solidão, medo de enfrentar a vida, dependência pessoal, falta de fé em Deus, baixa autoestima.

Passos do tratamento:

1) Determinação dos chacras em desequilíbrio:

Baixa autoestima: Desequilíbrio associado ao segundo chacra.

Medos em geral, dependência pessoal, falta de confiança: Desequilíbrio associado ao terceiro chacra.

Falta de fé em Deus: Desequilíbrio associado ao sétimo chacra.

Resumo dos chacras em desequilíbrio: 2º, 3º e 7º.

2) Escolha dos vegetais do composto e definição das melhores opções para o caso:

Puros: Chacra 2: Vegetal puro – Lima (Yin). Chacra 3: Vegetal puro – Camomila (Yin). Chacra 7: Vegetal puro – Calêndula (Yang).

Nivelador: Como o chacra superior do tratamento é o sétimo, precisamos de um nivelador que alcance até esse patamar.

Vegetal nivelador escolhido: Ipê-roxo (Yang) que atua do 1º ao 7º chacras.

Físicos: Não requer, pois não há sintomas físicos.

Condutor: Vegetal condutor escolhido: Hipérico (Yang).

Resumo: Fórmula final do composto: Lima (Yin) + Camomila (Yin) + Calêndula (Yang) + Ipê-roxo (Yang) + Hipérico (Yang).

Obs.: Todos os vegetais foram escolhidos por apresentarem funções fitoenergéticas sintonizadas com as necessidades do caso.

3) Cálculo da polaridade:

Vegetais Yin – Lima, camomila.

Vegetais Yang – Calêndula, ipê-roxo, hipérico.

Número total de Yin = 2

Número total de Yang = 3

Menor/maior = 2/3 = 0,67

Lembre-se que o mínimo necessário é 0,4, portanto a polaridade está correta.

4) Definição da forma de uso:

Forma de uso escolhida: chá – tomar, no mínimo, meia xícara por uso.

5) Definição da dosagem e tempo de tratamento:

Tempo de tratamento: 14 dias, duas aplicações diárias, com intervalo mínimo de 8 horas entre elas.

6) Agendamento de revisão e continuidade do tratamento:

Combinado que em 14 dias seria feita nova avaliação; com isso, o novo tratamento deveria ser montado para que houvesse eficiência dos resultados.

A pessoa voltou após 14 dias de tratamento, mostrando-se muito mais feliz e conectada com Deus. Apresentou muito boa melhora em relação à baixa estima e dependência pessoal, no entanto ainda não estava em um nível considerado como excelente.

Na nova análise, percebeu-se melhorias significativas no sétimo chacra. Assim sendo, o tratamento foi refeito por mais 14 dias, considerando apenas os chacras 2º e 3º.

NOVO TRATAMENTO:

Puros: Chacra 2: Vegetal puro – Quebra-pedra (Yin). Chacra 3: Vegetal puro – Marcela (Yang).

Nivelador: Como o chacra superior do tratamento é o terceiro, precisamos de um nivelador que alcance até no mínimo esse patamar.

Nivelador escolhido: Aipo (Yang) atua do 1º ao 5º chacras.

Físicos: Não requer, não há sintomas físicos.

Condutor: Condutor escolhido: Barbatimão (Yin).

Resumo: Fórmula final do composto: Quebra-pedra (Yin) + Marcela (Yang) + Aipo (Yang) + Barbatimão (Yin).

1) Cálculo da polaridade:

Vegetais Yin – Quebra-pedra, barbatimão.

Vegetais Yang – Aipo, marcela.

Número total de Yin = 2

Número total de Yang = 2

Menor/maior = 2/2 = 1,00

Lembre-se que o mínimo necessário é 0,4, portanto a polaridade está correta.

2) Definição da forma de uso:

Forma de uso escolhida: continuou-se com chá, tomando, no mínimo, meia xícara por uso.

3) Definição da dosagem e tempo de tratamento:

Tempo de tratamento: 14 dias, duas aplicações diárias, com intervalo mínimo de 8 horas entre elas.

4) Agendamento de revisão e continuidade do tratamento:

Da mesma forma que no procedido anteriormente, foi agendado retorno após os 14 dias. Desta vez, a pessoa se sentia muito bem, portanto não precisaria mais continuar com os compostos.

Pelo fato de o estado de espírito ser muito positivo, para manter tal condição, continuamos mudando os tratamentos de 14 em 14 dias.

Obs.: Pode-se usar sempre os compostos, independente de haver um problema ou desafio a ser vencido.

SEGUNDO CASO

Homem, 48 anos.

Sintoma: Falta de motivação pela vida, tendência suicida, falta de fé em Deus, baixa autoestima. Dores de cabeça constantes.

Passos do tratamento:

1) Determinação dos chacras em desequilíbrio:

Depressão: Desequilíbrio associado ao terceiro chacra.

Tendência suicida: Desequilíbrio associado ao sétimo chacra.

Falta de fé em Deus: Desequilíbrio associado ao sétimo chacra.

Baixa autoestima: Desequilíbrio associado ao segundo chacra.

Dores de cabeça constantes: Desequilíbrio associado ao quinto, sexto e sétimo chacras.

Resumo dos chacras em desequilíbrio: 2º, 3º, 5º, 6º e 7º.

2) Escolha dos vegetais do composto e definição das melhores opções para o caso:

Puros: Chacra 2: Vegetal puro – Chapéu-de-couro (Yin). Chacra 3: Vegetal puro – Bardana (Yin). Chacra 5: Vegetal puro – Alfazema (Yin). Chacra 6: Vegetal puro – Carobinha (Yang). Chacra 7: Vegetal puro – Cordão-de-frade (Yang).

Nivelador: Como o chacra superior do tratamento é o 7º, precisamos de um nivelador que alcance até esse patamar.

Vegetal nivelador escolhido: Marmelo (Yin), que atua do 1º ao 7º chacras.

Físicos: Um para a cabeça, já que manifestou dor nessa região.

Vegetal físico escolhido: um do 6º chacra – Ginkgo biloba (Yang).

Condutor: Condutor escolhido: Hortelã (Yin).

Resumo: Fórmula final do composto: Chapéu-de-couro (Yin) + Bardana (Yin) + Alfazema (Yin) + Carobinha (Yang) + Cordão-de-frade (Yang) + Marmelo (Yin) + Ginkgo biloba (Yang) + Hortelã (Yin).

Obs.: Todos os vegetais foram escolhidos por apresentarem funções fitoenergéticas sintonizadas com as necessidades do caso.

3) Cálculo da polaridade:

Vegetais Yin – Chapéu-de-couro, bardana, alfazema, marmelo e hortelã.

Vegetais Yang – Carobinha, cordão-de-frade e ginkgo biloba.

Número total de Yin = 5

Número total de Yang = 3

Menor/maior = 3/5 = 0,6

Lembre-se que o mínimo necessário é 0,4, portanto a polaridade está correta.

4) Definição da forma de uso:

Forma de uso escolhida: spray – a cada uso borrifar várias vezes a uma altura de cinquenta centímetros acima da cabeça.

5) Definição da dosagem e tempo de tratamento:

Tempo de tratamento: 14 dias, duas aplicações diárias, com intervalo mínimo de 8 horas entre elas.

6) Agendamento de revisão e continuidade do tratamento:

Combinado que em 14 dias seria feita nova avaliação; com isso, o novo tratamento deveria ser montado para que houvesse eficiência dos resultados.

A pessoa voltou após 14 dias de tratamento. Percebeu que o tratamento estava lhe deixando mais leve e que as dores de cabeça haviam sumido. Apresentou ótima melhora em relação à tendência suicida e à depressão. Portanto, achamos prudente que repetisse o mesmo tratamento por mais 14 dias.

6.1) Agendamento de nova revisão e continuidade do tratamento:

Da mesma forma que no procedido anteriormente, agendamos o retorno após 14 dias. A pessoa se sentia muito bem, portanto não precisaria mais continuar com os compostos. Para manter o estado de espírito elevado, como preventivo, continuamos recomendando novos compostos, mudando os tratamentos a cada 14 dias para que pudesse sempre seguir evoluindo e mantendo o equilíbrio.

TERCEIRO CASO

Menina, 8 anos

Sintoma: Rebeldia, medo de dormir sozinha, falta de concentração na escola.

Passos do tratamento:

1) Determinação dos chacras em desequilíbrio:

Rebeldia e medo: Desequilíbrio associado ao terceiro e ao sétimo chacras por aparentar obsessão espiritual.

Falta de concentração: Desequilíbrio associado ao sexto chacra.

Resumo dos chacras em desequilíbrio: 3º, 6º e 7º.

2) Escolha dos vegetais do composto e definição das melhores opções para o caso:

Puros: Chacra 3 Vegetal puro – Cavalinha (Yin). Chacra 6 Vegetal puro – Cravo-da-índia (Yang). Chacra 7 Vegetal puro – Louro (Yang).

Nivelador: Como o chacra superior do tratamento é o sétimo, precisamos de um nivelador que alcance até esse patamar.

Nivelador escolhido: Marmelo (Yin), que atua do 1º ao 7º chacras.

Físicos: Não requer, pois não há sintomas físicos.

Condutor: Condutor escolhido: Salsaparrilha (Yang).

Resumo: Fórmula final do composto: Cavalinha (Yin) + Cravo-da-índia (Yang) + Louro (Yang) + Marmelo (Yin) + Salsaparrilha (Yang).

Obs.: Todos os vegetais foram escolhidos por apresentarem funções fitoenergéticas sintonizadas com as necessidades do caso.

3) Cálculo da polaridade:

Vegetais Yin – Cavalinha, marmelo.

Vegetais Yang – Cravo-da-índia, louro, salsaparrilha.

Número total de Yin = 3

Número total de Yang = 2

Menor/maior = 2/3 = 0,67

Lembre-se que o mínimo necessário é 0,4, portanto a polaridade está correta.

4) Definição da forma de uso:

Forma de uso escolhida: chá – tomar, no mínimo, meia xícara por uso.

5) Definição da dosagem e tempo de tratamento:

Tempo de tratamento: 7 dias, duas aplicações diárias, com intervalo mínimo de 4 horas entre elas.

6) Agendamento de revisão e continuidade do tratamento:

Combinado que em 7 dias seria feita nova avaliação. A menina voltou após 7 dias de tratamento completamente diferente, mais amorosa, sem apresentar qualquer sintoma de rebeldia, medo de dormir sozinha. A concentração na aula aumentou muito, o que surpreendeu positivamente a todos.

A mãe da menina continuou usando a Fitoenergética para mantê-la em equilíbrio. De posse do livro, optou ela mesma por ir montando os compostos, mantendo o hábito de tomar chás duas vezes por dia.

CAPÍTULO 10

Fitoenergética no dia a dia

O USO DA FITOENERGÉTICA PARA SITUAÇÕES ESPECÍFICAS

Veja a seguir algumas sugestões de uso das plantas para ajudar você e as pessoas à sua volta, de maneira fácil, simples e acessível. É importante lembrar que todos nós temos uma cultura de imediatismo, considerando que uma doença, que muitas vezes levou vinte anos para se instalar, pode ser curada em três dias. Em raros casos realmente pode, porque tudo depende do mérito espiritual e dedicação de cada um. Em geral, os tratamentos proporcionam a ativação dos chacras e a expansão da consciência, que são os fatos geradores da cura profunda, acontecimentos que, normalmente, apresentam certo tempo de maturação.

No quadro atual da nossa humanidade, é comum ver pessoas mais necessitadas de milagres, que procuram de tudo para conseguir a cura que tanto desejam. Contudo, é fácil constatar que até mesmo as pessoas mais desesperadas muitas vezes não são disciplinadas quanto às recomendações dos tratamentos, assim sendo, não encontram os resultados que desejam. Se você precisa de cura, faça sua parte bem feita, que é o uso disciplinado e persistente do tratamento fitoenergético.

Problemas comuns

Com a vantagem de atuar na causa geradora do problema, revertendo o padrão da energia debilitada, os vegetais podem trazer, de forma fácil, barata e acessível, excelentes resultados em curtos espaços de tempo. A maioria das doenças emocionais mais comuns da atualidade vêm sendo aceitas com naturalidade, como uma consequência dos novos tempos, fazendo com que as pessoas se tornem passivas a isso. As aplicações abaixo recomendadas podem certamente contribuir para melhorar os estados de saúde, física, mental, emocional e até espiritual dos seres vivos, vale a pena experimentar!

Veja algumas opções de tratamentos.

Forma de uso

Chás (infusão ou infusão a frio) ou sprays. Tratamento fitoenergético por 21 dias, 2 vezes ao dia, com intervalo mínimo de 4 horas entre as aplicações.

Ao terminar o tratamento, estude os resultados obtidos, mude algumas plantas do composto de acordo com a necessidade e continue por mais um período, sempre fazendo alterações no composto a cada 21 dias. Essas são apenas fórmulas sugeridas, no entanto, de posse deste livro, você mesmo pode montar qualquer tratamento.

Veja a seguir o composto indicado para cada situação:

Alergias: Chá verde, maracujá, marmelo e hortelã.

Alergia respiratória: Poejo, cáscara-sagrada, gervão e hipérico.

Amigdalite: Centela asiática, chá verde, marmelo e pitangueira.

Angina: Mastruço, tayuya, aipo e canela.

Anorexia: Catuaba, catinga-de-mulata, cordão-de-frade, lima, marmelo e alecrim.

Ansiedade: Erva-doce, pariparoba, tansagem, ipê-roxo e capim-cidreira.

Artrite reumatoide: Funcho, cavalinha, marmelo e alcaçuz.

Asma: Morango, maçã, mastruço e barbatimão.

Astigmatismo: Cravo-da-índia, açoita-cavalo, marmelo e manjericão.

Auto-flagelo: Valeriana, cordão-de-frade, marmelo e malva.

Azia: Graviola, confrei, douradinha e marmelo.

Baixa estima: Calêndula, melissa, quebra-pedra, maracujá, marmelo e barbatimão.

Bronquite: Jaborandi, alfazema, maçã, uva-ursi e pitangueira.

Cálculo renal: Pariparoba, juá, gengibre, erva-de-bicho, eucalipto e capim-cidreira.

Câncer de estômago: Cipó-mil-homens, cavalinha, calêndula, guaco, marmelo e hortelã.

Câncer de garganta: Cambará, alfazema, tília, marmelo e alcaçuz.

Câncer de pâncreas: Hortelã, ipê-roxo, valeriana, carqueja e calêndula.

Câncer na próstata: Sabugueiro, pariparoba, chapéu-de-couro, calêndula, marmelo e hortelã.

Crises de choro ou choro em excesso: Maçã, hortelã-levante, cordão-de-frade, marmelo e endro.

Cistites: Jambolão, anis-estrelado, chapéu-de-couro, hipérico e jurubeba.

Colesterol alto (mau colesterol): Catinga-de-mulata, guabiroba, arnica e hortelã.

Cólicas menstruais: Artemísia, amora branca, chapéu-de-couro, erva-de-bicho e hortelã.

Cólicas abdominais em geral: Erva-mate, carqueja, camomila, chapéu-de-couro, morango e malva.

Compulsão por consumo: Tansagem, louro, hibisco, camomila, marmelo e salsaparrilha.

Depressão: Carobinha, maracujá, açoita-cavalo, cáscara-sagrada, melissa, catinga-de-mulata, chapéu-de-couro, ipê-roxo e endro.

Desânimo, sono e moleza: Catuaba, catinga-de-mulata, carobinha, marmelo e ginseng.

Diabetes: Valeriana, pêssego, cominho, cipó-mil-homens, marmelo e barbatimão.

Diarreia e vômito: Orégano, pariparoba, quebra-pedra, boldo-do-chile, cipó-mil-homens, dente-de-leão e malva.

Dor de garganta: Aipo, funcho, alfafa, centela asiática e guaco.

Dor de perda emocional: Tília, ipê-roxo, morango e endro.

Dores de cabeça: Sete-sangrias, louro, pêssego, alfazema, ipê-roxo e hortelã.

Dores de estômago: Graviola, camomila, alho-poró e barbatimão.

Dores musculares e tensões: Tayuya, pariparoba, funcho, avenca e hortelã.

Enxaquecas: Sete-sangrias, pêssego, calêndula, marmelo e manjericão.

Estresse mental e emocional: Hortelã-levante, erva-doce, capim-cidreira e ipê-roxo.

Falta de concentração: Cravo-da-índia, tília, pariparoba, alcaçuz e ipê-roxo.

Falta de fé: Tília, pêssego, marcela, marmelo e pitangueira.

Falta de orgasmo: Porangaba, eucalipto, hibisco, ipê-roxo e ginseng.

Falta de persistência: Calêndula, erva-mate, melissa, quebra-pedra, ipê-roxo, barbatimão e espinheira santa.

Fibromialgia: Jambolão, tayuya, calêndula, funcho, tansagem, confrei, hortelã e marmelo.

Gastrite: Marapuama, cavalinha, jasmim e avenca.

Gripes e resfriados: Sete-sangrias, guaco, cana-do-brejo, cordão-de-frade, marmelo e pitangueira.

Hemorroidas: Ipê-roxo, malva, pariparoba, orégano e cana-do-brejo.

Hiperatividade: Camomila, pata-de-vaca, pariparoba, hortelã-levante, alecrim e ipê-roxo.

Hipertensão: Tayuya, morango, valeriana, endro e mastruço.

Hipertireoidismo: Centela asiática, erva-de-bicho, alcarávia, alfazema e alecrim.

Hipotensão: Juá, picão, barbatimão e unha-de-gato.

Hipotireoidismo: Tomilho, cambará, marmelo e barbatimão.

Impotência sexual: Eucalipto, hibisco, catuaba, uva ursi e jasmim.

Imunidade baixa: Guaco, marmelo, tília e pitangueira.

Indecisão: Bardana, louro, jasmim e ipê-roxo.

Indisciplina: Hipérico, camomila, marmelo e carobinha.

Infertilidade: Artemísia, laranjeira, marcela, calêndula, salsaparrilha e marmelo.

Insegurança: Salsaparrilha, sene, marcela e marmelo.

Insônia: Capim-cidreira, ipê-roxo, pariparoba, erva-doce, laranjeira e hortelã-levante.

Intestino preso ou preguiçoso: Hipérico, erva-de-bicho, boldo-do-chile, pariparoba, porangaba e chapéu-de-couro.

Labirintite: Tília, salsaparrilha, cana-do-brejo e ipê-roxo.

Leucemia: Marcela, catuaba, catinga-de-mulata, ginseng, carrapicho, porangaba, cordão-de-frade e marmelo.

Mau humor: Maçã, espinheira-santa, marmelo e jasmim.

Medos em geral: Camomila, alecrim, losna e marmelo.

Memória ruim: Ginkgo biloba, cana-do-brejo, marmelo e manjericão.

Menopausa com desequilíbrio hormonal: Hipérico, quebra-pedra, amoreira, artemísia, alfazema e ipê-roxo.

Mioma no útero: Quebra-pedra, pariparoba, calêndula, ipê-roxo e hortelã.

Obesidade (ajuda a acelerar o metabolismo): Cavalinha, graviola, barbatimão, tomilho e erva-de-bicho.

Obsessão espiritual: Boldo-do-Chile, capim-cidreira, laranjeira, jasmim, pêssego e marmelo.

Otites: Cravo-da-Índia, marmelo e pitangueira.

Ovários policísticos: Hipérico, arnica e chapéu-de-couro.

Pânico: Cipó-mil-homens, camomila, melissa, calêndula, ipê-roxo e jasmim.

Pancreatite: Cavalinha, guaco, endro e morango.

Pedra na vesícula: Cavalinha, quebra-pedra, sabugueiro, jurubeba e barbatimão.

Pesadelos: Capim-cidreira, ipê-roxo, erva-doce, quitoco e hortelã-levante.

Pessoa presa a fatos do passado: Funcho, alcachofra, ginseng, porangaba, sene e marmelo.

Pessoa presa a situações ou pessoas negativas: Chá verde, cominho, sene, barbatimão e ipê-roxo.

Raciocínio lento: Carobinha, alcaçuz e marmelo.

Raiva e ódio: Maçã, camomila, açoita-cavalo, jasmim e ipê-roxo.

Rebeldia: Chapéu-de-couro, confrei, dente-de-leão e alecrim.

Retenção de líquidos: Lima, alcachofra, porangaba, cordão-de-frade, marmelo e alecrim.

Reumatismo: Tomilho, pariparoba, tayuya, alecrim e marmelo.

Rinite: Sete-sangrias, ipê-roxo, hortelã-levante e alecrim.

Sentimento de abandono: Guaco, jasmim, laranjeira e morango.

Sentimento de carência: Morango, hipérico, sabugueiro, lima e poejo.

Sinusite: Sete-sangrias, centela asiática, funcho, tansagem, ipê-roxo e alecrim.

Sopro no coração: Melissa, marmelo, capim-cidreira, jaborandi e calêndula.

Taquicardia: Tayuya, pariparoba, orégano, endro e ipê-roxo.

Tendência suicida: Pêssego, cordão-de-frade, jasmim e marmelo.

Tendinites: Hortelã, tayuya, pariparoba, calêndula e ipê-roxo.

Timidez: Espinheira-santa, hibisco, sálvia, tansagem, marmelo e canela.

TPM – Tensão pré-menstrual: Amora-branca, hipérico, artemísia, laranjeira, cavalinha e morango.

Triglicerídios alto: Valeriana, chapéu-de-couro, carqueja, uva-ursi e malva.

Tristeza: Maracujá, cominho, carobinha, tília, jasmim e marmelo.

Ocasiões do dia a dia

Quando você se familiarizar com os benefícios que se podem obter através da vibração energética dos vegetais, certamente terá forças para superar situações difíceis em sua vida. Também poderá fazer as ocasiões prazerosas ainda mais alegres e divertidas. Em resumo, o uso dos conhecimentos da Fitoenergética pode, com certeza, trazer uma grande ajuda no seu dia a dia em várias ocasiões. Veja a seguir algumas recomendações para que você se beneficie da energia vibracional das plantas em diversas situações da vida:

Aniversários

Composto fitoenergético: maçã, jasmim, maracujá e quebra-pedra.

Forma de uso: spray no local 2 horas antes, pulverizar em todo o espaço.

Função ou objetivo: proporciona harmonia, paz, tranquilidade e bom relacionamento entre as pessoas.

Apresentação de trabalhos e defesas de teses

Composto fitoenergético: cravo-da-índia, cana-do-brejo e capim-cidreira.

Forma de uso: um chá 1 hora antes do evento.

Função ou objetivo: gera confiança e segurança na pessoa, abre a mente e foca no objetivo, melhora a memória.

Auxiliar na projeção astral/saídas do corpo

Composto fitoenergético: chapéu-de-couro, açoita-cavalo, cordão-de-frade, louro, mastruço e ipê-roxo.

Forma de uso: tomar um chá 10 minutos antes do relaxamento, também pode-se aplicar via spray sobre o corpo.

Função ou objetivo: ajuda a acalmar o metabolismo e expandir a consciência.

Batismos

Composto fitoenergético: louro, jasmim e ipê-roxo.

Forma de uso: fazer um chá fraco, umedecer um pano ou lenço e tocar na testa do batizando 1 hora antes do evento. Manter-se em estado de prece enquanto proceder o uso.

Função ou objetivo: traz proteção espiritual, purificação e o poder de Deus ao plano físico.

Casamentos e noivados

Composto fitoenergético: gengibre, espinheira-santa, maçã, jasmim e marmelo.

Forma de uso: spray no local 2 horas antes, pulverizar em todo o espaço.

Função ou objetivo: traz paz, bem-estar, bom relacionamento, respeito, amor e alegria.

Entrevistas de emprego e outras situações em que a pessoa se sinta avaliada

Composto fitoenergético: confrei, sálvia, erva-de-bicho e tília.

Forma de uso: um chá 1 hora antes do evento.

Função ou objetivo: ativa o dinamismo, inteligência, expressão corporal, boa dicção e comportamento adequado para a situação.

Estudar

Composto fitoenergético: cravo-da-índia, hipérico e marmelo.

Forma de uso: um chá enquanto estuda ou fazer um spray e aplicar a cada 30 minutos, a uma distância de um metro do corpo.

Função ou objetivo: ativa a memória, a concentração, a objetividade, clareia a mente e induz ao equilíbrio entre intuição e razão.

Falar em público, discursar, lecionar, palestrar

Composto fitoenergético: sene, mil-em-rama, erva doce, marmelo e alcaçuz.

Forma de uso: um chá feito por infusão a frio 1 hora antes do evento.

Função ou objetivo: auxilia a boa estrutura verbal e ajuda a ser convincente, dinâmico e equilibrado emocionalmente.

Meditação, conexão e introspecção

Composto fitoenergético: cordão-de-frade, hortelã-levante, pariparoba, alecrim e ipê-roxo.

Forma de uso: tomar um chá 10 minutos antes do relaxamento, também pode-se aplicar via spray sobre o corpo.

Função ou objetivo: acalma a frequência mental, expande a aura e gera serenidade.

Ministrar aulas (para professores em geral)

Composto fitoenergético: Sálvia, ginseng e gervão.

Forma de uso: tomar um chá 10 a 30 minutos antes da aula.

Função ou objetivo: ajuda a ter dinamismo para encontrar maneiras didáticas de expor os ensinamentos. Traz habilidade que facilita a forma de ensinar.

Para ajudar a ter a consciência da missão de sua alma

Composto fitoenergético: cordão-de-frade, ginseng, laranjeira, manjericão e marmelo.

Forma de uso: tomar um chá 3 vezes ao dia durante 3 dias.

Função ou objetivo: abre uma ponte entre o Eu inferior e o Eu superior, facilitando que a pessoa conheça mais seus dons ocultos e desperte sua vocação, associando a caminhada evolutiva.

Para despertar poderes extrafísicos

Composto fitoenergético: chapéu-de-couro, ipê-roxo, ginseng e quitoco.

Forma de uso: tomar um chá 3 vezes ao dia por 3 dias.

Função ou objetivo: estimula os canais sensoriais.

Para eliminar o medo de realizar projeções astrais

Composto fitoenergético: losna, salsaparrilha, camomila e marmelo.

Forma de uso: tomar um chá 10 minutos antes do relaxamento, também pode-se aplicar via spray sobre o corpo.

Função ou objetivo: traz confiança e calma, além de elevar a frequência vibratória.

Para facilitar o aprendizado em cursos, aulas e na escola (alunos em geral)

Composto fitoenergético: alcaçuz, louro, ginseng, cravo-da-índia e marmelo.

Forma de uso: tomar um chá 10 a 30 minutos antes da aula ou estudo.

Função ou objetivo: traz concentração e capacidade de assimilar conteúdos com rapidez.

Para ter poder de resposta e recuperação em situações extremas e difíceis da vida (demissões, erros graves, profundo desgosto etc.)

Composto fitoenergético: douradinha, catinga-de-mulata, maracujá, cana-do-brejo e cordão-de-frade e marmelo.

Forma de uso: tomar um chá 3 vezes ao dia por 3 dias.

Função ou objetivo: recupera as energias vitais, traz força, confiança e motivação, ajuda a pessoa a aproveitar a situação difícil como um bom aprendizado.

Perdas emocionais e falecimentos

Composto fitoenergético: morango, maracujá e açoita-cavalo.

Forma de uso: um chá 3 vezes ao dia para as pessoas mais afetadas, até que haja equilíbrio emocional.

Função ou objetivo: ajuda a entender a morte e ter força para superar e tocar a vida em frente.

Pré e pós-operatório, antes e depois de quimioterapias, radioterapias e outras intervenções cirúrgicas

Composto fitoenergético: açoita-cavalo, alcachofra, pêssego, pitangueira e marmelo.

Forma de uso: spray feito com um chá, pulverizar levemente a um metro do corpo de hora em hora.

Função ou objetivo: reforça a vontade de viver, a força interior, confiança, aumenta a canalização de energia vital para acelerar a recuperação.

Prática de esporte, jogos e desafios esportivos

Composto fitoenergético: catinga-de-mulata, pitangueira e cana-do-brejo.

Forma de uso: um chá 1 hora antes do evento.

Função ou objetivo: aprimora a força física, atenção, concentração e disposição física.

Qualquer situação que necessite proteção energética ou espiritual

Composto fitoenergético: boldo-do-chile, louro, canela e ipê-roxo.

Forma de uso: tomar um chá 3x ao dia pelo tempo que for necessário, mas no máximo 10 dias seguidos.

Função ou objetivo: cria blindagem áurica, elevação do padrão vibratório.

Relaxar e meditar

Composto fitoenergético: jasmim, açoita-cavalo, tayuya, calêndula e hibisco.

Forma de uso: tomar um chá 20 minutos antes da meditação ou relaxamento.

Função ou objetivo: proporciona conexão espiritual rápida e pura, sem perder a noção do Plano Terra.

Situações de emergência, extrema tensão, traumas e outros choques emocionais

Composto fitoenergético: cáscara-sagrada, arruda, melissa, hortelã-levante e hortelã.

Forma de uso: um chá de hora em hora até acalmar os sintomas.

Função ou objetivo: equilibra o emocional, ativa a lógica e a razão, traz força e fé.

Término de relacionamento conjugal

Composto fitoenergético: chá verde, porangaba, alcachofra, quebra-pedra e morango.

Forma de uso: um chá 2 vezes ao dia por no máximo 10 dias seguidos.

Função ou objetivo: ajuda a perdoar para ser livre, ter força e coragem para buscar seu caminho e cortar laços sentimentais.

Vestibulares, provas escolares e outros exames

Composto fitoenergético: louro, cravo-da-índia, chapéu-de-couro e canela.

Forma de uso: um chá 1 hora antes do evento.

Função ou objetivo: auxilia na memória, concentração, objetividade, clareia a mente e proporciona o equilíbrio entre a intuição e a razão.

A FITOENERGÉTICA E A ALIMENTAÇÃO

A alimentação, além de vital, faz parte da cultura do ser humano. As pessoas se alimentam para celebrar, para conversar, debater um assunto e se reunirem. Muito tempo da vida de cada um "gira" em função de sua alimentação.

O alimento é um dos maiores veículos de condução de energia vital (energia sutil) para o organismo. Mas que tipo de energia é essa?

Quais energias são impregnadas em cada situação vivenciada?

Como os pensamentos, emoções e sentimentos podem influenciar a qualidade de nossa alimentação?

O objetivo aqui não é sobremaneira anular o que se sabe em torno da nutrição e da culinária em geral, mas trazer à tona o fato de que as energias que rondam qualquer pessoa, ambiente ou situação, podem "pegar uma carona" em tudo que é ingerido pelo corpo físico e, com isso, influenciar também nossos aspectos emocionais, mentais e espirituais.

Vimos, neste livro, que as emoções, sentimentos e pensamentos formam nosso campo áurico, logo, são energias que interpenetram o corpo físico. Dessa forma, essas forças geradas podem também interagir com os alimentos, sejam positivas ou negativas.

Um alimento preparado em um ambiente hostil, tenso, contaminado por pessoas pessimistas e negativas, certamente vai se impregnar com essa energia, logo os aspectos emocionais, mentais e espirituais da pessoa que o ingere serão influenciados negativamente.

Essa constatação propõe que a alimentação exerce uma influência não apenas no corpo físico ou orgânico, mas também na aura.

Da mesma forma, um alimento preparado em um ambiente especial, positivo, cuidadosamente harmonizado, vai produzir efeitos benéficos a quem o ingerir. Por isso, o uso adequado das plantas na alimentação pode melhorar muito a qualidade da energia presente e, consequentemente, influenciar, positivamente, os aspectos daquelas pessoas que as consomem. O usuário da Fitoenergética que aproveitar esse conhecimento, utilizando-o na sua rotina, vai se beneficiar em níveis muito profundos e curativos.

Veja algumas maneiras de usar a Fitoenergética na alimentação:

Temperos

"Temperos para a Alma" seria o nome correto. Prepare temperos à base de plantas desidratadas quando quiser armazená-los por algum tempo, ou com ervas frescas quando for usar apenas na hora. Utilize preferencialmente as ervas condimentares, pela capacidade de agregarem sabor e aroma. Misture em sal fino a gosto. Potencialize energeticamente como recomendado neste livro e use à vontade no preparo dos alimentos em geral a cada refeição.

Você poderá também usar as plantas sem a adição de sal. Combine os vegetais (frescos ou desidratados) e coloque-os diretamente na comida. A quantidade é o que conhecemos como pitada.

É recomendado que você monte vários tipos de temperos e os use quando achar necessário. Você poderá montar seus temperos utilizando as técnicas deste livro como se fosse um tratamento fitoenergético normal.

Chá

Faça um chá comum de plantas potencializadas e adicione ao alimento de 5 a 10ml desse chá para cada 1 litro ou 1 quilograma de alimento.

Essa opção é indicada para pratos como arroz, feijão e sopas que necessitam de água para a preparação.

Dicas de compostos para uso da Fitoenergética na alimentação

Seguem algumas opções para você usar na sua alimentação diária, na forma de chá ou de tempero (com ou sem sal).

Antidepressivo: Aipo, louro, coentro, endro, e manjerona.

Contra dores em geral: Hortelã, aipo e alcarávia.

Contra medos e fobias: Salsaparrilha, louro, manjerona e alho-poró.

Contra o estresse: Hortelã, tomilho, manjerona e coentro.

Eliminar a ansiedade: Manjericão, coentro, louro e cavalinha.

Gerar harmonia: Tomilho, gengibre, açafrão, coentro, manjericão e orégano.

Melhorar a digestão: Manjerona, cavalinha, aipo, alecrim e orégano.

Para eliminar vícios como álcool e cigarros: Açafrão, manjericão, louro, coentro, manjerona e sálvia.

Paz no lar e nos relacionamentos: Gengibre, alcarávia, manjerona e hortelã.

Vitalizante e energizante: Alho-poró, sálvia, manjericão e orégano.

Uso da Fitoenergética para harmonia energética dos ambientes

A harmonia de um ambiente é exatamente o reflexo dos acontecimentos que ocorrem nele. Esses acontecimentos podem ser de origem física, mental, emocional, espiritual, geobiológica, entre outras.

Tudo que ocorre nesse ambiente gera reações que podem ser positivas ou negativas. Tudo é energia, e o que é realmente importante é a frequência da vibração no ambiente e no ser vivo.

É muito importante poder perceber quando um ambiente acumula excesso de energia negativa, para que, imediatamente, sejam tomadas contramedidas que tragam de volta a harmonia. Quando a harmonia não é alcançada ou recuperada, os seres vivos que habitam esse ambiente alteram seus padrões energéticos de acordo com essa vibração nociva, podendo contrair danos físicos, mentais, emocionais e espirituais que, muitas vezes, por efeito cumulativo, podem chegar a ser letais.

A aplicação correta dos vegetais para equilibrar as energias de um ambiente é algo utilizado há muito tempo pela humanidade e que sempre mostrou resultados benéficos na harmonização energética dos ambientes.

A seguir, apresentamos alguns compostos fitoenergéticos para o uso em ambientes.

A melhor maneira de aplicar os compostos para ambientes é sob a forma de sprays ou vaporização. As fórmulas sugeridas a seguir poderão ser utilizadas todos os dias, podendo, também, ser intercalados os tipos, utilizando cada dia um. O uso diário de sprays ou vaporização em um ambiente é sempre benéfico, entretanto, é recomendável bastante cuidado, caso for utilizar alguma composição não mencionada, escolhendo adequadamente os tipos de plantas de acordo com as técnicas ensinadas neste livro.

Alguns exemplos:

Eliminar a melancolia e a tristeza do local: Chá verde, chapéu-de-couro, carobinha, maracujá, losna e marmelo.

Equilíbrio energético para locais com grande circulação de pessoas (escolas, comércios, órgãos públicos, hospitais, creches, entre outros): Pitangueira, cavalinha, boldo-do-chile e dente-de-leão.

Gerar criatividade, intuição, novas ideias, estimular o pensamento: Maracujá, cravo-da-índia e marmelo.

Gerar esperança, motivação, força e vontade: Maracujá, cáscara-sagrada, lima e gervão.

Gerar paz no lar, harmonia e entendimento entre as pessoas: Camomila, maçã, quebra-pedra e aipo.

Gerar serenidade e leveza: Laranjeira, alfazema, bardana, hipérico e erva-de-bicho.

Gerar um ambiente meditativo e de reflexão: Quitoco, ginseng, chapéu-de-couro, hortelã-levante e ipê-roxo.

Limpar e proteger energeticamente: Canela, erva-de-bicho, louro, boldo-do-chile e marmelo.

Melhorar o relacionamento do casal: Gengibre, camomila, jasmim, guaco e ipê-roxo.

Uso da Fitoenergética para plantas

As plantas, assim como os seres humanos, possuem um campo de energia. Por isso, o uso de um composto vegetal sobre outro vegetal pode gerar ganhos como maior vitalidade, melhor adaptação, melhor aparência, bom desenvolvimento, entre outros.

As plantas atuam o tempo todo trocando energia com os ambientes e as pessoas à sua volta, no entanto, essa troca, muitas vezes, pode ser nociva para o vegetal que pode se desvitalizar com muita facilidade.

A utilização de compostos fitoenergéticos sobre as plantas funciona muito bem, pois recupera as perdas energéticas sofridas que muitas vezes a levam à morte. Com o campo energético fortalecido, uma planta pode produzir frutos e flores em maior quantidade e qualidade.

Em culturas de qualquer espécie, nos campos e na agricultura, bem como no cultivo nos lares e ambientes domésticos, essa prática vem mostrando resultados impressionantes.

A melhor forma para usar preparados vegetais sobre as plantas é através de sprays para borrifar nas folhas ou galhos 2 a 3 vezes ao dia, ou fazer um chá fraco para colocar na água em que será feita a rega. Nos dois casos, diluir o chá em água, sendo 9 partes de água pura e 1 parte do chá.

Nos casos de grandes plantações na agricultura em geral, essa diluição pode ser diferente, use 1 parte de chá para

99 partes de água, podendo ser colocado na caixa d'água que vai ser usada para irrigar a plantação. Casos reais de utilização de compostos fitoenergéticos em plantações de grande porte mostraram aumentos na produtividade e qualidade na ordem de mais de 50%, com custo praticamente zero.

Você poderá montar suas próprias fórmulas de acordo com as técnicas deste livro, ou, se preferir, usar as recomendações indicadas a seguir.

Alguns exemplos:

Crescimento: Jasmim, alfazema, unha-de-gato e alho-poró.

Para dar mais frutos e flores: Cordão-de-frade, pitangueira, cavalinha e marmelo.

Para recuperar de pragas e insetos: Hipérico, unha-de-gato e pariparoba.

Para recuperar no caso de desidratação: Babosa, jurubeba, uva-ursi, eucalipto e juá.

Proteção energética: Endro, boldo-do-chile, tília e lima.

Vitalidade e energia: Pitangueira, catinga-de-mulata, catuaba, camomila e dente-de-leão.

A FITOENERGÉTICA COMO UMA IMPORTANTE ALIADA CONTRA OS EFEITOS NOCIVOS DA QUIMIOTERAPIA E DA RADIOTERAPIA

O uso da Fitoenergética é também uma importante ferramenta contra os efeitos nocivos dos processos de quimioterapia e radioterapia no combate ao câncer.

Em função da perda de energia física proporcionada e das influências nocivas oriundas desses processos de quimioterapia e radioterapia, um paciente, além de sua luta contra a doença específica, também trava uma batalha particular contra a desvitalização energética do seu campo áurico.

Essa carga energética dos processos de tratamento, aliada à carga emocional existente, desencadeia fraqueza excessiva, desânimo de viver, entre outros inimigos do pensamento positivo e da fé que o paciente precisa para conseguir reverter seu quadro. Isso se torna o grande agravante, pois o campo energético da pessoa em tratamento fica debilitado e frágil, criando chances para um total desequilíbrio emocional e uma piora na doença.

Por esse motivo principalmente, o uso adequado da Fitoenergética oferece subsídio energético para que a pessoa em tratamento consiga suportar as adversidades sem perder a fé, o equilíbrio e o pensamento positivo, essenciais para vencer a doença.

O uso da Fitoenergética nesses casos

Antes e depois dos processos de quimioterapia, faça seus preparados, tome, borrife, ou use qualquer uma das técnicas mencionadas neste livro, de acordo com a sua disponibilidade ou conveniência.

Não existe a necessidade de uma fórmula específica, estude o seu caso e monte o tratamento, fazendo as alterações dos tipos de plantas a cada período específico que se completar, não tenha preguiça, pois os resultados são surpreendentes quando se tem persistência.

O importante é que haja a continuidade de uso da Fitoenergética no mínimo pelo período dos tratamentos, e obviamente recomendável para o pós-tratamento como uma ferramenta preventiva. A vibração energética das plantas tem o poder de anular as ondas nocivas dos processos de radioterapia que ficam impregnadas na aura do indivíduo, mesmo depois das sessões, que são responsáveis por diminuir a imunidade e causar muitas alterações nos estados emocionais e mentais da pessoa.

Já no caso da quimioterapia, usar os compostos fitoenergéticos cria vibração energética capaz de acelerar os chacras, por sua vez estimular o organismo a se purificar mais rapidamente, evitando tantas alterações físicas indesejadas típicas desse tratamento. Outro aspecto interessante é que os ambientes em que são realizadas essas terapias estão impregnados normalmente de uma energia desvitalizadora, pelo universo de pensamentos e emoções negativas vividas pelos pacientes que sofrem nessa busca por cura. Usar os compostos fitoenergéticos, além de trazer mais saúde e disposição, cria proteção energética contra esses fatores externos presentes nos ambientes de radio ou quimioterapia.

CAPÍTULO 11

Comprovações científicas sobre os efeitos da Fitoenergética

COMPROVAÇÕES CIENTÍFICAS SOBRE OS EFEITOS DA FITOENERGÉTICA

A Bioeletrografia, popularmente conhecida como foto da aura (antiga foto Kirlian), é uma técnica que fotografa o campo energético dos seres humanos, vegetais e minerais.

Através dessa técnica é possível comprovar a existência deste campo de energia vital invisível que circunda os corpos físicos.

O padre cientista Roberto Landell de Moura, brasileiro nascido em Porto Alegre, no Rio Grande do Sul, foi o descobridor da técnica, em 1906. Mais tarde, em 1938, a bioeletrografia foi apresentada ao mundo pelo casal russo Kirlian. A técnica, atualmente, ganha respeito e credibilidade em diversas comunidades científicas do mundo. Em alguns países, já é reconhecida como uma avaliação auxiliar para a medicina, pois através dela é possível detectar doenças e desequilíbrios muito antes de se manifestarem no corpo físico, o que a classifica como uma importante ferramenta preventiva.

Nesse trabalho a Bioeletrografia foi utilizada para demonstrar a eficiência da Fitoenergética em alguns casos de problemas específicos. Isso porque ela pode apontar cientificamente a alteração no padrão energético do indivíduo após o uso dos compostos fitoenergéticos.

ESTUDOS REALIZADOS COM FITOENERGÉTICA

Primeiro caso

Desequilíbrio: Baixa imunidade do organismo e excesso de introspecção. A pessoa tem muita dificuldade para expor seus sentimentos e suas vontades. Manifesta dores no peito sem causas aparentes.

Tratamento utilizado: Composto fitoenergético com guaco, pitangueira, morango, mastruço, alfazema, intercalados com pêssego, marmelo, endro, melissa, uxi amarelo e funcho. Foram vários ciclos de 14 dias para cada composto na forma de chá até completar o tempo total do tratamento.

Tempo de tratamento: Três meses

antes

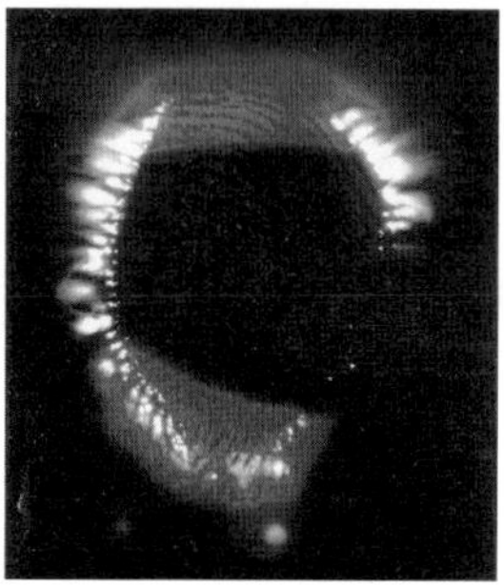

depois

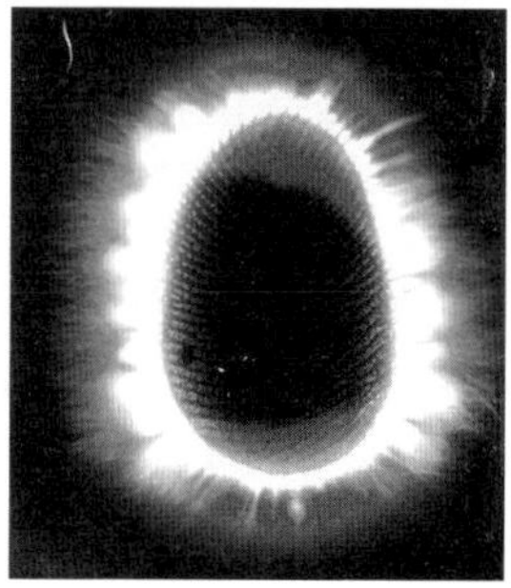

SEGUNDO CASO

Desequilíbrio: Ansiedade, angústia e depressão.

Tratamento utilizado: Composto fitoenergético de carobinha, maracujá, açoita-cavalo, cáscara-sagrada, melissa, catinga-de-mulata, calêndula, chapéu-de-couro, ipê-roxo e endro. Foram dois ciclos de 14 dias com o mesmo composto utilizado na forma de spray.

Tempo de tratamento: 28 dias

antes

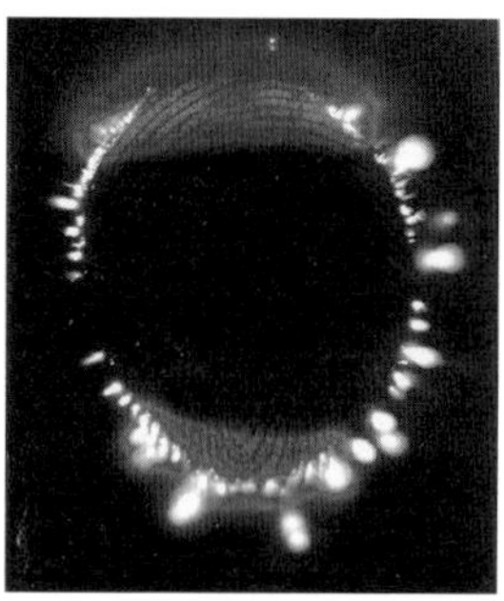

depois

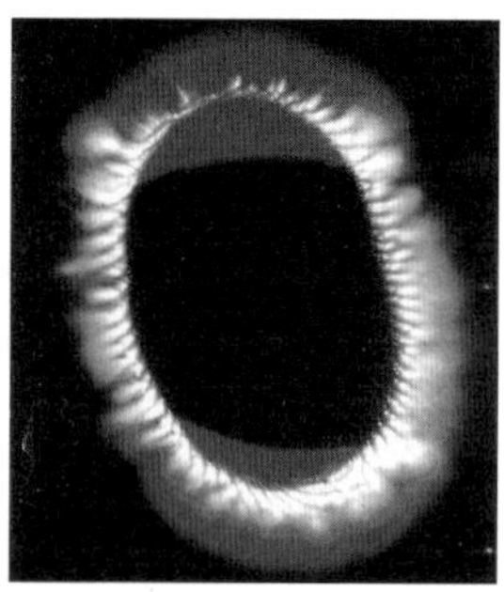

Embora seja necessário conhecimento específico em Bioletrografia para interpretação correta das fotos, as alterações no antes e depois mostram de forma evidente o aumento da energia vital na aura da pessoa como consequência do tratamento fitoenergético. Essas mudanças provocaram nos dois casos profundas melhorias dos aspectos físicos, emocionais e mentais das pessoas tratadas.

Nos dois casos apresentados, as pessoas ainda têm um potencial de melhoria no campo energético, porém já foi demonstrado um grande salto de qualidade em seus estados gerais de energia, comprovando os efeitos da Fitoenergética.

CAPÍTULO 12

Perguntas frequentes sobre a Fitoenergética

PERGUNTAS E RESPOSTAS SOBRE O TEMA

1 – O que é a Fitoenergética?

É um sistema natural de cura, equilíbrio e elevação da consciência que, através da energia das plantas (Fitoenergia), ajuda os seres vivos no equilíbrio das emoções e pensamentos que, quando estão em desequilíbrio, são os reais causadores das doenças. É uma terapia que proporciona a elevação da consciência e do discernimento, estimulando profundos sentimentos antiegoísmo.

2 – Qual é a concepção básica desse sistema natural?

A Fitoenergética atua com a concepção básica de que os vegetais possuem um campo de energia com a capacidade de gerar influência sobre a anatomia sutil dos seres vivos. Busca compreender como essa influência pode atuar positivamente no campo energético de cada ser vivo, agindo nas causas geradoras de doenças.

3 – O que é a Fitoenergia?

É o tipo de energia que as plantas fornecem, com a característica de ser elevada, sutil, celeste, portanto, com propriedades vitalizantes para o corpo e para a alma. A Fitoenergia apresenta um padrão vibratório amplamente curativo e amoroso, peculiar das esferas mais evoluídas dos planos superiores.

4 – Quanto tempo se demora para a obtenção dos resultados quando as doenças são tratadas com a Fitoenergética?

Para que os efeitos da cura energética profunda possam ocorrer, é necessário persistência, ou seja, fazer uso contínuo dos preparados vegetais. A recomendação é que, ao final do tratamento energético, a pessoa faça uma avaliação da situação em relação à condição inicial e modifique o tratamento de acordo com os novos sintomas. Acima de tudo, porém, deve fazê-lo continuamente, até perceber que as características negativas iniciais foram removidas. Lembre-se de que o campo energético da pessoa está sendo vitalizado e a vibração equilibrada. Com isso, algumas pessoas têm benefícios fabulosos em minutos, outras em dias e até meses, tudo vai depender da dedicação, da disciplina e do nível do comprometimento físico.

5 – Por que a maioria dos tratamentos energéticos da medicina caseira, simpatias e até benzeduras sugerem sempre sete dias?

Nesse caso, o sete está ligado ao número de chacras principais (veja capítulo 2) que o ser humano possui. O tratamento de sete dias, normalmente, é eficiente, pois, a cada dia, um chacra é revitalizado e equilibrado.

6 – É possível, depois de limpar e potencializar os vegetais, deixá-los armazenados para uso futuro? É possível fazer isso em grandes quantidades e de uma só vez?

A limpeza e a programação energética dos vegetais podem durar até seis meses. Para permitir essa durabilidade, é necessário que sejam guardados em local arejado e fresco, longe de fontes de geração de energia eletromagnética e, principalmente, evitar manipulá-los, caso o uso não seja necessário. Vale lembrar também que, no momento da aplicação, as mentalizações e intenções são muito importantes.

7 – Qual a diferença entre o uso externo e interno das fórmulas fitoenergéticas?

Os nossos corpos físico e energético estão em ressonância. Tudo que ocorre em um, reflete no outro e vice-versa. É importante que o usuário tenha bom senso na hora de decidir a forma de aplicar as fórmulas. O uso externo é mais recomendado quando o sabor de um vegetal não é apreciado, por exemplo, ou se existem mais dores externas. Já o uso interno pode ser utilizado quando um vegetal tem paladar apreciado ou simplesmente por uma questão de praticidade. O sene, por exemplo, é uma planta que pode provocar aborto, que pode também gerar cólicas intestinais, dadas suas propriedades fitoterápicas. Isso sugere uso externo, para que os efeitos colaterais não ocorram no organismo físico. Use o bom senso, pois do ponto de vista de resultados os dois processos são muito similares.

8 – Por quanto tempo os tratamentos podem e devem ser feitos?

As pessoas podem usar continuamente os tratamentos, respeitando a forma de uso e intervalos descritos neste livro. De forma geral, quando as regras são respeitadas, a recomendação é manter o tratamento até que os sintomas sejam removidos, no caso de uma doença já instalada. Quando não há doença, o uso gera imunidade energética capaz de criar uma excelente condição de bem-estar físico, mental, emocional e espiritual. Por isso, o uso contínuo é indicado como preventivo de grande eficiência, além de ser ótimo auxiliar na expansão da consciência e evolução pessoal.

9 – Por que muitas vezes uma preparação caseira de plantas não apresenta os resultados esperados?

O segredo é simples. A intenção com a qual se prepara e a qualidade da energia vital que está contida em um vegetal são os grandes responsáveis pela obtenção dos resultados desejados. Quando não se tomam os cuidados em relação à limpeza e à potencialização energética dos vegetais (Fitoalquimia), o preparado pode ter efeito nulo ou, em alguns casos, pode até ser nocivo.

10 – Os chás industrializados, feitos em sachê, também podem ser utilizados?

Os chás de sachê, por sua praticidade, podem ser empregados tranquilamente nos preparados fitoenergéticos, porém, é necessário ter certeza de que não são artificiais (com aroma artificial), o que é muito comum. O uso de flores, frutas e ervas desidratadas também é uma prática comum que dá certo. As técnicas de limpeza e programação são indispensáveis, principalmente para eliminar a energia negativa presente em qualquer processo industrial a que a planta tenha sido submetida.

11 – Qual a diferença de um remédio alopático, feito em laboratórios farmacêuticos, e um preparado natural, feito com as técnicas da Fitoenergética?

A propriedade medicinal de uma planta não é só o resultado de uma composição química, mas também de sua vibração energética. Quando os princípios ativos das plantas são isolados e sintetizados nos laboratórios, a vibração energética dessas plantas não está presente. Portanto, o remédio tradicional alopático não apresenta a frequência de vibração que a planta teria originalmente, e isso é uma perda substancial. Além disso, os medicamentos alopáticos são administrados para compensar as deficiências do organismo em produzir determinadas substâncias, e isso não trata a causa. Já um preparado fitoenergético atuará sempre estimulando a produção interna dessas substâncias essenciais ao organismo, e não simplesmente repondo-as de forma artificial.

12 – Por que os resultados obtidos com os preparados da Fitoenergética são eficientes?

Porque atuam na causa que originou o problema. Se a origem foi mental, ele atuará no âmbito mental; se foi no físico, atua em todos; se foi no emocional, atuará no emocional, ou seja, atua em todos os aspectos do ser e isso faz a grande diferença. Quando a pessoa apresenta um problema de ordem física, a chance do problema ter origem no emocional ou no mental é muito grande. Esses aspectos devem ser trabalhados também, e isso é possível através da Fitoenergética.

13 – Então a Fitoenergética pode substituir o uso dos remédios convencionais?

Jamais. Nunca interrompa o uso de medicamentos. Use a Fitoenergética de forma complementar. Quando sentir resultados evidentes, procure o seu médico. Só ele poderá autorizar a suspensão dos medicamentos do seu tratamento. Com o uso constante e complementar dos preparados fitoenergéticos, é comum o indivíduo apresentar uma melhora gradativa, e isso pode levá-lo a interromper o uso da medicação convencional. Mas isso só poderá ser feito depois de uma avaliação de um especialista, para constatação da melhora dos sintomas e suspensão do uso da medicação. Isso também ocorre quando a pessoa faz uso de outras terapias alternativas. Sempre que possível, combine o uso de diversas técnicas. Os resultados podem ser surpreendentes.

14 – Qual a diferença entre a Fitoterapia e a Fitoenergética?

A Fitoterapia utiliza o princípio ativo existente em uma planta, ou seja, os componentes químicos existentes no vegetal. Já a Fitoenergética utiliza a vibração energética do vegetal, ou seja, o campo de energia vital que circunda a planta.

15 – Existe alguma diferença na utilização de vegetais frescos em relação aos desidratados?

Quanto mais fresco o vegetal for, maior é o seu nível de energia, o que potencializa o efeito desejado. Mas, se o usuário da Fitoenergética utilizar vegetais desidratados de forma adequada (desidratados na sombra) e fizer corretamente os passos de limpeza e potencialização energética, os efeitos serão os mesmos, independente de serem desidratados ou frescos.

16 – Os tratamentos fitoenergéticos podem curar doenças ou padrões negativos que sejam provenientes de vidas passadas?

Sim, um tratamento fitoenergético feito adequadamente conforme as técnicas deste livro podem reverter comportamentos ou doenças que tenham sua origem em outras vivências, principalmente graças à ação dos vegetais condutores que atuam diretamente nos registros akhásicos do indivíduo.

17 – E se a pessoa não gosta de tomar chás, existe outra opção para usar a energia das plantas e obter os resultados positivos da mesma forma?

Sim, a ação da Fitoenergética acontece diretamente no campo de energia (aura) do ser, por isso, o uso das plantas via spray (chá da planta borrifado) ou a inalação do vapor do chá são altamente eficientes. Essa é uma grande vantagem da Fitoenergética, pois independe dos princípios ativos químicos das plantas, já que ela só utiliza as propriedades energéticas.

18 – O que quer dizer Fitoalquimia? Qual a diferença em relação à Fitoenergética?

Fitoenergética é a técnica que utiliza a vibração energética das plantas para curar doenças da alma. Fitoalquimia é a transferência e potencialização da energia das plantas para uso nos mais diversos fins. Sem a Fitoalquimia, a Fitoenergética não consegue produzir resultados eficientes.

19 – Quando quero preparar um composto fitoenergético, mas fico em dúvida se uma doença está associada a um chacra ou a outro, o que faço? A rinite, por exemplo, é quinto ou sexto chacra? Como fazer quando ocorrem essas situações?

A Fitoenergética é muito flexível a isso. Nos casos de dúvidas entre dois chacras, considere os dois. Além de não causar problemas, ainda torna o tratamento fitoenergético mais completo.

20 – Você sempre comenta que as plantas possuem uma missão no planeta. Na sua opinião, qual é a maior mensagem que as plantas nos transmitem?

Principalmente que precisamos aprender a trabalhar em equipe, que uma pessoa sozinha, sem um bom convívio de pessoas, não pode ser feliz completamente, que nossa consciência deve evoluir coletivamente e não individualmente apenas.

21 – Então, qual é a missão das plantas?

Elas nos fornecem um padrão elevado de energia que tem por objetivo nos ajudar na cura das emoções inferiores; em outras palavras, a missão das plantas é nos ajudar na tão almejada reforma íntima.

22 – Que parte das plantas devemos utilizar no momento de preparar os tratamentos?

Podemos usar qualquer parte do vegetal, no entanto, é bom que se saiba que as partes da planta que armazenam maior nível de energia são a flor e a fruta. As folhas, talos e raízes possuem a mesma frequência, porém com menor nível de energia. Contudo, se as técnicas de Fitoalquimia forem aplicadas com precisão, todas as partes tornam-se igualmente eficientes, o que facilita tudo.

CAPÍTULO 13
Considerações Finais

CONSIDERAÇÕES FINAIS

Talvez o ser humano esteja reaprendendo que o reino vegetal nos banha com uma vibração energética muito especial, que vai além dos seus atributos tradicionais.

As plantas, como um todo, são geradoras de energia vital. É essa capacidade que produz nos ambientes e nos seres vivos (homens, animais e os próprios vegetais) uma espécie de sensação muito especial. Isso ocorre porque elas são organismos vivos, emissárias celestes que pulsam, vibram, transformando e melhorando a frequência vibratória do local ou dos seres a sua volta. Somente um universo perfeito criado por Deus poderia nos oferecer tantas dádivas.

As plantas também possuem uma missão neste planeta, em prol de uma evolução consciente da humanidade. Ocorre que elas estão sendo mal compreendidas e aproveitadas. O ser humano, em seu universo atribulado, estressante e materialista, não tem se dado o direito de perceber o que está à vista.

Um exemplo disso são as plantas que nascem naturalmente em locais onde não foram plantadas. Isso acontece porque elas têm o propósito de levar o equilíbrio àquele local em desarmonia, o que é muito comum. É comum, também, passar despercebido o fato de plantas morrerem, secarem ou murcharem constantemente em alguns locais. Não somente pela falta de cuidados essenciais como a rega, mas porque a energia vital característica daquela espécie de vegetal está muito carente naquele espaço ou ambiente. Assim, as plantas acabam funcionando como "termômetros", pois revelam as condições energéticas de uma pessoa ou do ambiente em que vive.

Uma muda de manjericão, por exemplo, se for dada a alguém que costuma mentir, fazendo uso da falsidade na vida, deverá murchar, ou mesmo morrer em até três dias. Isso porque o manjericão, que atua ajudando as pessoas a viverem da verdade, fornecerá toda a sua energia vital para equilibrar aquela característica na pessoa.

O mesmo pode acontecer com um vaso de arruda nas mãos de uma pessoa cheia de desejos não realizados. A planta murchará bruscamente na tentativa de equilibrar aquele aspecto negativo do indivíduo.

O que isso significa?

Que as plantas estão o tempo todo interagindo com os seres vivos à sua volta, fornecendo e recebendo energia.

Por isso, tenho uma dica para você, leitor: se as plantas não sobrevivem sob os seus cuidados, ou no ambiente em que você mora, já está mais do que na hora de você repensar sua vida, rever seus conceitos, parar para pensar na sua reforma íntima e no seu padrão vibratório, porque as plantas estão lhe informando essa necessidade quando esses eventos acontecem.

Tudo indica que a sabedoria popular antiga detinha o domínio do conhecimento sobre a medicina natural das plantas e o seu mecanismo de atuação no nosso campo energético. A cultura ocidental atual pouco faz para conscientizar as pessoas de que as plantas são alicerces energéticos e guardiãs do padrão vibratório dos ambientes ou dos seres que ali vivem.

Essa energia tão linda, esse poder hoje oculto das plantas, já esteve no passado acessível aos povos mais sábios: os celtas, os hindus, os grandes iniciados, os atlantes, os xamãs, entre outros.

Alguma cultura atual, ainda de forma tímida, mantém esse conhecimento milenar em suas práticas espirituais. Precisamos mais do que isso, devemos mostrar para todos que esse universo de possibilidades de cura e equilíbrio, enviado para nós através das plantas, precisa ser conscientemente aproveitado.

As plantas estão desenvolvendo sua função energética, independente de crença ou religião, e o fato de que o reino vegetal está acessível a todos os seres de uma forma abundante e barata certamente gera conflitos de interesse.

É muito importante saber valorizar o avanço da ciência e da medicina, evidenciando que feitos maravilhosos são realizados graças a tecnologias e medicamentos modernos que salvam vidas e trazem muita esperança. Contudo, todos nós precisamos entender que o uso contínuo e adequado das plantas faz com que as debilidades sejam tratadas na causa geradora, sempre estimulando a consciência. Por isso, eliminam e previnem doenças, agilizam qualquer processo de recuperação, porque a atuação da energia dos vegetais é na origem.

É, sobretudo, importante que as pessoas revisem seus costumes e culturas em relação ao uso indiscriminado de medicamentos farmacológicos (alopáticos) que agem apenas de forma paliativa. Procure complementar qualquer tipo de tratamento medicamentoso com os compostos naturais fitoenergéticos. Os benefícios serão evidentes, vale a pena experimentar, você não tem nada a perder!

Viver em equilíbrio

O melhor na vida, sob todos os aspectos, é o equilíbrio. É assim que as coisas deveriam ser encaradas e tratadas. Os seres humanos têm uma missão muito nobre neste mundo, que é restabelecer e manter o equilíbrio de tudo com o que vivem e no que tocam. Os vegetais são instrumentos eficientes e aliados importantes para alcançar esse objetivo.

Para contribuir com isso, algumas atitudes ajudam muito, e entre elas está o contato direto com as plantas. Para isso, cultive vários tipos de vegetais, plante e regue com alegria, colha com respeito e gratidão e, principalmente, abençoe a presença divina existente em cada planta. Quando se estabelecer esse respeito, e quando for possível o entendimento de que o reino vegetal precisa ser valorizado como uma "Parte de Deus", certamente será dado um passo significativo em direção ao tão sonhado equilíbrio. Faça a sua parte!

Para refletir

A Fitoenergética está apoiada no fato de que as plantas possuem uma vibração sutil que pode ser utilizada como uma fonte poderosa de energia que, por sua vez, atua diretamente na alma dos seres. Também utiliza a força do pensamento e intenção para potencializar essa energia sutil contida nos vegetais. Essa constatação reforça a ideia de que os vegetais armazenam, em forma de energia, a intenção dos pensamentos, emoções e sentimentos que estão envolvidos, podendo ser positivos e negativos.

Um grande estudo foi realizado para a publicação da Fitoenergética. A base dessa pesquisa foi a utilização de vegetais potencializados, principalmente, pelo poder da intenção positiva dirigida na preparação dos compostos vegetais. Mas a pergunta que fica é: o que aconteceria com um vegetal que foi submetido a uma atmosfera de pensamentos, sentimentos e emoções negativas?

Certamente, impregnaria essa frequência densa de energia no composto, promovendo resultado inverso. Não são só as plantas que armazenam essa energia oriunda dos pensamentos, sentimentos e emoções. Tudo em nossa volta sofre influência e absorve o que está sendo propagado, seja positivo ou negativo. Roupas, ambientes, objetos, eletroeletrônicos, plantas, cristais, água... Tudo isso armazena esse tipo de vibração que se estagna como se fosse uma poeira da poluição ambiental a que estamos sujeitos.

Temos que considerar que essa energia não deixa de ser uma poluição, porém, de caráter energético, ou seja, vibracional e sutil. Um caso muito contado nas palestras sobre Fitoenergética que realizamos pelo Luz da Serra é o de uma senhora que procurava uma dica para curar insônia. Foi recomendado a ela que usasse o capim-cidreira em chá e spray, 30 minutos antes de se deitar.

Os resultados se mostraram catastróficos. Com o uso da planta, essa senhora passou a sonhar que seu vizinho (que era uma pessoa realmente insana) corria atrás dela nu, tentando estuprá-la. A reclamação foi instantânea: estou tomando o que me foi recomendado, mas tudo piorou...

Não demorou, e o terapeuta que recomendou o uso do capim-cidreira perguntou: de onde a senhora pegou esse capim-cidreira?

A senhora sorriu, meio envergonhada e disse: colhi do terreno do meu vizinho (entenda como: pegou sem autorização, ou, melhor, roubou!).

O terapeuta perguntou: é o mesmo vizinho do sonho? Aquele que é louco?

Ela, ainda mais envergonhada, confirma apenas com um sorriso "sem graça"... O terapeuta nem precisou explicar o que estava errado... Logo, ela entendeu que, quando colheu (roubou) o vegetal do seu vizinho insano, ela também trouxe consigo a vibração desqualificada da planta que vivia naquele ambiente denso e perturbado.

Essa história estimula a perceber que muitos restaurantes, muitas farmácias de manipulação, fábricas de alimentos, entre outros, estão processando seus produtos envolvidos em uma atmosfera densa e nociva. Está cada vez mais comum o consumo de alimentos contaminados, mas não por influência microbiológica e sim pelas energias perniciosas envolvidas nos processos a que são submetidos.

Certa vez, em um almoço de família, no aniversário da morte do patriarca daquela casa, havia uma nostalgia e tristeza, principalmente por parte das mulheres, responsáveis pelo almoço daquele domingo. Mesmo sendo uma família unida e feliz, o clima estava pesado. Enquanto preparavam os alimentos, ao pé do fogão, comentavam a tristeza da perda do ente querido, e assim foram preparando toda a refeição.

O resultado apareceu não muito tempo depois do almoço. Muitos passaram mal, com indigestão, outros tiveram vômitos e enjoo, mas algo diferente e nocivo aconteceu... Os mais céticos concluíram que algum alimento poderia estar estragado, os mais atentos conseguiram perceber de onde viera a "infestação": daquela atmosfera negativa a que os alimentos foram submetidos.

Já passou da hora de as pessoas perceberem que as emoções, pensamentos, sentimentos, são energias geradas por qualquer um e que interferem e influenciam tudo.

As plantas que morrem quando são admiradas por pessoas em desarmonia (tristes, invejosas, ciumentas, magoadas, pessimistas etc.), os computadores que "travam" porque seus usuários estão irritados, e até os automóveis com panes elétricas porque seus motoristas se estressam demais.

Problemas e mais problemas que, aparentemente, não têm causa alguma, indicando que já está na hora de considerar outros conceitos, senão os engessados e influenciados da nossa cultura ocidental não reencarnacionista, que sequer consideram a hipótese da existência de outros planos e dimensões.

Por isso, a ótica "vesga" de um inconsciente coletivo que trata dos males do corpo sem olhar para o espírito... Que falta de senso crítico... Que falta de ética pessoal e desinteresse pela essência espiritual de cada ser... Cuidar do físico é importante, sim, pois é um dos pés de uma cadeira que se apoia em quatro bases... Física, mental, emocional, espiritual... Experimente esquecer um dos pés, certamente a cadeira não vai sustentar ninguém!

Reflita com muito carinho e atenção.

Um fraterno abraço.

Muita luz, que o verde de Deus ilumine seus caminhos. Que seu coração possa pulsar na mesma sintonia do coração verde do reino vegetal!

Com carinho

Bruno J. Gimenes

CAPÍTULO 14

Meditação do chá

MEDITAÇÃO DO CHÁ

BENEFÍCIOS:
Além de aumentar a potencialidade energética do composto, ajuda a aumentar a conexão espiritual.

PASSOS:

– Prepare seu chá conforme as técnicas da Fitoenergética... Pegue a xícara de chá e sente-se em um local confortável. Evite interrupções, desligando o telefone, a campainha etc. Coloque uma música suave e relaxante a seu gosto.

– Com uma mão, segure a xícara de chá e repouse a outra mão sobre seu coração. Acalme seus sentidos, feche os olhos, respire profundamente até se tranquilizar por completo. Quando você conseguir sentir plenamente as batidas do seu coração em sua mão, concentre-se nelas.

– Imagine que a outra mão que segura o chá acompanha essa mesma pulsação. Sinta que todo o líquido pulsa na mesma frequência do seu coração.

– Agora imagine, sinta, ou visualize que a cada pulsar do seu coração o chá muda de cor, intercalando entre um verde brilhante e um prata cintilante. Mantenha essa sintonia, imaginando, ou acreditando nesse pulsar verde e prata, na frequência do seu coração.

– Ainda com os olhos fechados, beba pequenos goles do líquido.

– Sinta que o pulsar verde e prata se transfere totalmente para seu corpo, que começa a vibrar nessas duas cores: verde e prata.

– Continue tomando o chá lentamente. Quando terminar o conteúdo, mantenha-se em silêncio e em relaxamento por alguns minutos, só então desperte lentamente, sem pressa ou correria.

– Essa prática pode ser realizada também antes de dormir, de manhã cedo ou em qualquer momento de meditação ou reflexão. Produz efeitos positivos que equilibram as emoções, reorganizam os pensamentos, conectando-nos em sintonias superiores.

– Faça sempre e você se beneficiará de incríveis e profundas transformações em sua vida.

CAPÍTULO 15

Como tratar os animais

COMO TRATAR OS ANIMAIS

Atualmente, nós estamos humanizando os animais e transferindo parte dos nossos problemas para eles. Como estão vivendo mais em habitat doméstico, muitas caraterísticas deles são modificadas. Assim, os *pets* ficam doentes mais do que deveriam.

O problema é que eles não estão simplesmente pegando doenças ou se machucando em função de uma briga na rua. Os nossos animais estão com problemas no coração, nos rins, no estômago, no sangue, entre outros, porque estão se humanizando de tal forma que estão somatizando aquilo que está ao redor deles, seja do ambiente, seja das pessoas com quem convivem.

Para tratar os nossos animais com a energia das plantas, precisamos entender que os bichinhos têm um campo de energia ultrassensível. Como possuem uma interação com os campos energéticos dos ambientes e das pessoas com quem convivem, eles são profundos captadores de energias.

Há questões de saúde, alimentação e exercícios que não podem ser negadas e que um veterinário pode e deve verificar. Mas o fato é que os animais costumam incorporar nas suas práticas diárias, as rotinas que você os submete.

Eles são uma extensão do que você sente. Se está sentindo raiva, tristeza, medo e preocupação, ele vai sentir a mesma coisa.

Os animais são uma representação do que somos. Por que o seu cão é carente? O quanto de carência você tem? O seu gato é agressivo? Por que será? O seu bichinho é agitado? O que ele está querendo mostrar?

O animal de estimação pode passar pelo tratamento, mas a toda a família também precisa ser tratada. Além disso, você precisa fazer o tratamento para o lar.

Neste capítulo, vamos falar como utilizar a Fitoenergética e as plantas no equilíbrio dos animais. Você escolhe as ervas para tratar determinados pensamentos e emoções, as mesmas que você usaria para qualquer pessoa.

Você vai ver que é possível ajudar o seu melhor amigo com técnicas simples, como molhar as mãos suavemente com o chá e passar nele enquanto faz um carinho.

Além disso, você pode colocar uma quantidade de chá na água que o bichinho bebe, fazer preparados com as ervas e colocar na cama dele ou ainda montar uma espécie de travesseiro com as plantas e colocar em uma gaiola, caso seja um passarinho. Você pode usar a sua criatividade para fazer as técnicas.

Contudo, você precisa de continuidade no tratamento. Compreenda que eles são seres de rotina. Se você mudar o seu hábito, o seu sentimento, as suas atitudes, eles também vão mudar!

Os *pets* são verdadeiros para-raios, eles captam as energias negativas que não são transmutadas e acabam plasmando no próprio corpo a energia que está gravitando em torno deles.

Eles escancaram aos nossos olhos o quanto nós estamos sendo relapsos com as nossas emoções, pensamentos e sentimentos.

Os animais nos mostram o tempo inteiro que precisamos encarar a vida de outro jeito, eles são a extensão do nosso medo ou da nossa coragem.

Agora vamos falar das técnicas e dos passos que você precisa seguir para fazer o tratamento com a Fitoenergética. Lembre-se que a mesma essência divina que nos envolve rodeia os animais também.

A mesma combinação de ervas que você aplica para a alma de qualquer pessoa, você também pode fazer para os *pets*. Você precisa analisar os chacras, o conjunto de sintomas, tal como você faria para um familiar ou consultante.

Porém, existem particularidades na forma de como você vai usar o tratamento.

Você vai precisa olhar com atenção para o seu melhor amigo, o seu gato, o seu cachorro. Porém, você não pode separar o animal do todo. É preciso modificar as emoções, pensamentos e sentimentos que geram dores, sofrimentos e doenças tanto dos animais como das pessoas.

Os animais têm seus próprios desafios

Os *pets* possuem os seus próprios desafios, mas também atuam como verdadeiras esponjas. Então, se não tivermos uma visão ampla sobre o assunto podemos acabar intoxicando-os com remédios e rações especiais, mas sem tratar a verdadeira causa.

Existe um vínculo de carinho entre nós e eles, mas precisamos entender que eles são animais e nós somos humanos. Temos missões parecidas, mas distintas. Tudo indica que os animais estão existindo aqui hoje na Terra para duas missões:

1. Missão de aumentar o amor, o gatilho do amor

Eles ajudam a flexibilizar a emoção humana, amolecem os corações empedernidos. Através do contato com eles, aprendemos lições de perdão, entrega e amor. É impressionante a capacidade que eles têm de aflorar sentimentos amorosos em cada um de nós. Esse comportamento faz com que as pessoas aumentem os seus estados de amor. Há pesquisas inclusive que falam que as pessoas que convivem com bichos de estimação são mais envolvidas, mais abertas e mais desenvolvidas emocionalmente, em função desse contato diário que tem o poder de nos tocar quando mais precisamos. Os animais são presentes de Deus. Eles aprendem conosco e nós com eles.

2. Missão de reverter o carma de consumo de carne

De certa forma, o carma dos animais de abate é transferido para os de estimação. É por isso que existem cada vez mais organizações não governamentais de apoio aos animais e há cada vez mais pessoas se dedicando a essa causa. Como nós temos a cultura de abatê-los para consumo, o nosso carma com esses animais fica muito forte. Então, nós precisamos transmutar de alguma maneira esse carma. Você pode não perceber, mas os seus gatos ou os seus cachorros são emissários para que você pare de comer carne ou comece a pensar nessa possibilidade.

Mitos e erros no tratamento de animais

1. Não tratar as pessoas que convivem com ele

Não necessariamente o mesmo tratamento para a pessoa e para o animal, mas é preciso cuidar dos dois lados. Um é ressonância do outro e vice-versa.

2. Não tratar o ambiente em que ele vive

Quando a energia está em desequilíbrio, a casa por si só já emana vibrações negativas. Então, é preciso tratar o animal, o seu dono e o ambiente.

3. Transferir as carências e desafetos para o animal, tornando-o uma bengala.

Assim você sobrecarrega o seu bichinho, intensificando ainda mais as mazelas que ele já absorve diariamente.

4. Hábitos de humanos

Alguns costumes humanos são ultra nocivos. Se você mora em apartamento, saiba que os animais gostam de movimento e de ter o contato com a natureza. Você não tem noção o quanto introduzir certos hábitos descaracterizam o seu animal.

5. Alimentação de humano

Esquece aquele pedacinho de pão que você dá para o seu bichinho comer. Os alimentos dos humanos não são adequados para ele. Assim, se você o alimenta com doces, farinha e gordura, você está matando o seu companheiro.

6. Esquecer que o líder é você

Você não pode deixar o seu bichinho tomar conta. Se você não mostrar que quem está no comando é você, os problemas vão começar. Os animais percebem isso olhando para a sua aura, por meio da sua vibração. Firmeza, propósito e confiança são necessários para mostrar que quem manda é você, além da assertividade e do amor.

7. Fazer os tratamentos com dor, pena, medo e tristeza

Assim, o tratamento perde a eficiência. Você não precisa falar nada, mas o seu bichinho já capta quando você está com esses sentimentos ao aplicar um tratamento nele. Eles enxergam a nossa aura. O gato transmuta as energias negativas. Já o cachorro absorve essas vibrações.

8. Achar que o problema do animal é meramente físico e tratar só com remédio

Esquecer o fator emocional e achar que a doença é fruto do acaso ou de um problema meramente físico.

Claro que há casos específicos, mas a maioria das doenças têm relação com o dono ou com a casa.

9. Não usar remédio nunca! Associe terapias

Quando a doença já se manifestou no corpo físico do animal, você precisa aliar o remédio com o tratamento fitoenergético e as terapias alternativas.

10. Falta de equilíbrio

Você pode ter o costume de deixar o bichinho subir no sofá ou dormir com você na cama, mas é preciso equilíbrio como um todo em seus hábitos.

11. Fazer tratamentos muito longos

Normalmente, o tratamento para os animais pode ser feito apenas em 3 dias, pois eles respondem rapidamente. Por isso, lembre-se que o seu melhor amigo precisa de pouco tempo para alcançar resultados.

Solução

Para tratar os animais, você precisa levar em conta estes quatro pontos essenciais:

Fato 1 – Rituais

Identifique erros, que estão associados normalmente aos 10 mitos e erros citados no item 3. Descubra quais os comportamentos prejudiciais que o bichinho está tendo, que tipo de ritual está desencadeando problemas. Preste atenção na lista de mitos e erros e corrija o que for necessário. Aumente a sua percepção e acompanhe de perto a rotina do seu animal.

Fato 2 – Ambiente

Os animais ficam doentes constantemente uma vez que têm facilidade de somatizar os problemas emocionais presentes nas nossas casas. Reconheça e cure os desequilíbrios do lugar onde o seu bichinho vive. Por exemplo, quando a energia da sua casa for de briga, veja se está faltando amor e trate o quarto chacra. Se está faltando Deus, faça o tratamento para o sétimo chacra. Se está faltando equilíbrio emocional, cuide do terceiro chacra do ambiente. Você pode montar os compostos fitoenergéticos e aplicá-los em forma de spray ou como achar melhor.

Fato 3 – Donos, tratadores e pessoas próximas

Identifique os problemas de no mínimo uma pessoa e no máximo três pessoas mais próximas do animal. Após perceber as energias e os sentimentos conflitantes, faça o tratamento de acordo com a Fitoenergética clássica, com a posologia indicada.

Fato 4 - Sintomas do animal

Analise o *pet* como se fosse uma pessoa do ponto de vista dos chacras e identifique os sentimentos vinculados a cada problema. Se o animal está sofrendo com a depressão, faça o tratamento para este caso. O diagnóstico é igual, somente o tratamento com a Fitoenergética será diferente, pois é preciso menos tempo.

Quando você tratar cada um desses fatores, será restaurado o conjunto. Você vai notar que a sua vida vai melhorar, a partir do momento que curar o seu animal, o seu ambiente e você.

Os animais nos mostram as nossas fraquezas. A dor do bichinho mostra onde estamos errando. Os desequilíbrios deles mostram onde estamos nos desequilibrando. Eles também são mensageiros de transformação da casa.

Muitas vezes, eles precisam adoecer para mostrar para você que o seu lar e as suas emoções precisavam de ajustes.

IDENTIFIQUE O TRATAMENTO

O que o animal apresenta? Escolha um tratamento baseado nos sintomas, exatamente como fazemos com a Fitoenergética.

PASSOS

– Utilize uma pequena quantidade de ervas e ative os vegetais do tratamento, assim como você aprendeu neste livro.

– Use de 1 a 5 vezes ao dia durante 3 dias seguidos.

– Nunca passe de 3 dias com o mesmo tratamento. Com os animais, tudo é muito dinâmico e rápido.

FORMAS DE USO

Escolha a melhor opção para o seu caso:

Cama - Use um sachê com as ervas e coloque na cama do animal. Troque 1 vez por dia.

Mão molhada - Faça um chá e molhe a sua mão no preparado. Faça carinho no animal com a mão levemente molhada.

É possível associar as duas maneiras de aplicação, na cama e no corpo do animal. Certamente os resultados serão potencializados.

Siga todos os passos da Fitoenergética conforme você faria para uma pessoa.

Domine o método para tratar a alma dos animais, emoções, pensamentos e sentimentos que geram dores, sofrimentos e doenças.

Procure sempre manter um estado emocional tranquilo ao aplicar o tratamento e seja assertivo.

O FATOR AMBIENTE

Faça um tratamento para o ambiente de acordo com a Fitoenergética clássica. Escolha uma combinação que você achar melhor para o seu caso. Pode ser 2 vezes por dia durante 7 dias, 14 dias, 3 dias ou segundo a sua avaliação. O mais fácil e comum é usar o spray com um chá ou infusão a frio. Borrife no ambiente duas vezes por dia.

O FATOR DONO

Faça um tratamento para 1 a 3 pessoas com mais contato com o animal de acordo com a Fitoenergética clássica.

Opção de criar rituais para tratar

Quando você fala ao seu animalzinho que vocês vão passear, ele tem uma reação muito feliz? Da mesma forma, associe elementos que agradem muito o animal com o tratamento.

Crie rituais positivos para começar a cuidar do seu *pet*. Faça um carinho, aplique o tratamento, invente uma brincadeira, dê um petisco saudável que ele possa comer e coloque uma música relaxante ou um mantra. Essa música ou som que você escolher será associado a um momento bom para o seu *pet*.

Assim, ele vai relacionar o tratamento com uma recompensa. Se você souber combinar um benefício a uma técnica, conseguirá resultados incríveis.

Faça uma pequena ficha para analisar a situação do seu bichinho de estimação.

1. Qual o objetivo?

2. Qual o problema?

3. Associe os mitos e erros que você encontrou.

4. Comece a introduzir as soluções para cada erro identificado.

5. Identifique os sintomas do animal.

6. Aplique o tratamento adequado ao caso.

Avalie os resultados e aprimore cada uma das técnicas. A reciclagem dos processos deixa o seu *pet* cada vez melhor, com controle emocional e mais felicidade.

Muitas vezes a doença do animal é a oportunidade para que seus donos abram os seus corações. É a motivação perfeita que as pessoas precisam para se tratarem, pois muitos não buscam terapia para se melhorarem, mas acabam mudando para que seus bichinhos fiquem saudáveis.

Nós somos os maiores construtores de doenças nos nossos animais. Lembre-se que a dor não existia neles até começar em você.

Mantenha a atenção ao animal, às pessoas e ao ambiente. Esse é um processo de melhoria constante, siga monitorando e aprimorando os quatro fatos.

BIBLIOGRAFIA

ABATTE, Vânia Maria. *Confissões de um Padre Cientista*. Pe. Roberto Landell de Moura, Porto Alegre, 2004.

BRENNAN, Bárbara Ann. *Mãos de Luz*. 6ª ed., Editora Cultrix - Pensamento, 1993.

CÂNDIDO, Patrícia. *Grandes Mestres da Humanidade* – Lições da Amor para a Nova Era. Porto Alegre, Luz da Serra Editora, 2008.

DANIESLKI, Altair. *O Tempo como Caminho de Cura*. Porto Alegre, Imprensa Livre, 2000.

DE'CARLI, Johnny. *Reiki Universal*. 10ª ed., São Paulo, Madras, 2006.

GIVAUDAN, Meurois Givaudan. *Leitura de Auras e Tratamentos Essênios*. São Paulo, Pensamento-Cultrix, 2001.

HARTMAN, Hilda. *Duas ou três coisas que me contaram sobre as Ervas* – Uso Terapêutico das Plantas. Rio de Janeiro, Pallas, 1997.

IVACIR, João Francisco; FONTANA, Vilson Luiz. *Ervas e Plantas, A Medicina do Simples*. 7ª ed., Erexim-RS, Editora Edelbra, 2002.

KWITKO, Mauro. *Terapia de Regressão* – Todas as perguntas, todas as respostas. Porto Alegre, Edições Besourobox Ltda, 2002.

KORBES, Vunibaldo Cirilo, Irmão. *Plantas Medicinais*. 45ª ed., Francisco Beltrão, ASSESOAR, 1995.

LEADBEATER, C. W. *Os Chacras*. São Paulo, Pensamento, 1991.

LORENZI, Harri. *Plantas Medicinais do Brasil* – Nativas e exóticas cultivadas. Nova Odessa, SP, Instituto Plantarium, 2002.

LORENZI, Harri... etc e tal. *Frutas brasileiras e exóticas cultivadas* (de consumo in natura). São Paulo, Instituto Plantarium, 2006.

MOTOYAMA, Hiroshi. *Teoria dos Chacras*. 8ª ed São Paulo, Pensamento, 2006.

NEGRAES, Paula. *Guia A-Z de Plantas – Beleza*. São Paulo, Bei Comunicação, 2003.

PAGE, Christine R. *Anatomia da Cura*. São Paulo, Ground, 2001.

PROPHET, Mark L.; PROPHET, Elizabeth Clare. *A Alquimia de Saint Germain*. 8ª ed., Rio de Janeiro, Nova Era, 2000.

RODRIGUES, António. *Radiestesia Clássica e Cabalística*. 2ª ed., São Paulo, Fábrica das Letras, 2000.

RUDDER, E. A. Maury Chantal de. *Enciclopédia Compacta da Cura pelas Plantas Medicinais*. São Paulo, Riddel, 1998.

SANTOS, Alexandre Rodrigues dos. *Cristaloterapia*. Rio de Janeiro, Novo Milênio, 2002.